Martin Haberer

Taschenatlas
Zimmer-
pflanzen

350 Arten für Wohnung
und Wintergarten

3., aktualisierte Auflage

Vorwort

Ohne Pflanzen kann man sich unsere Wohnungen heute nicht mehr vorstellen. Sie verbessern das Raumklima und schaffen eine gemütliche, lebenswerte Umgebung. Selbst in Büros, Hotels, Restaurants und öffentlichen Gebäuden werden immer mehr Pflanzen zur Innenraumbegrünung eingesetzt.

Jede Art wird mit einem Farbbild vorgestellt und beschrieben. Farbbild und stichwortartige Beschreibung bilden eine Einheit. Im Text werden Herkunft, die wichtigsten botanischen Merkmale, Hinweise zur Verwendung und Pflege erwähnt. Auf ähnliche Arten und Sorten wird verwiesen.

Vor allem ist diese Serie als Hilfe für Auszubildende in Gartenbau und Floristik gedacht. Deshalb sind die wissenschaftlichen Namen der Pflanzen und ihre Familienzugehörigkeit wichtig. Auf die Angabe der Autoren wurde verzichtet. Speziell dieses Buch richtet sich aber auch an die vielen Pflanzenfreunde, die ihre Zimmerpflanzen besser kennenlernen möchten.

Recht herzlich danken möchte ich dem Verlag Eugen Ulmer und seinen Mitarbeitern, sie standen mir immer mit Rat und Tat zur Seite.

Martin Haberer, Nürtingen

Inhaltsverzeichnis

Zimmerpflanzen im Überblick   4
Das brauchen Pflanzen zum
 Wachsen   5
Die verschiedenen Pflanzenstandorte
 im Zimmer   11
So verwenden Sie dieses Buch   12

Zimmerpflanzen von A – Z   14

Pflanzenbeschreibungen mit Standortansprüchen und Pflegehinweisen, Angaben zu Blüten und Blättern, außerdem Empfehlungen für besonders attraktive Sorten

Service   185
Synonyme   185
Weiterführende Literatur   187
Bildquellen   187
Register   188
Impressum   192

Zimmerpflanzen im Überblick

Die meisten unserer Zimmerpflanzen stammen aus den Tropen und Subtropen. Sie benötigen also Wärme und Licht, vertragen aber keinen Frost. Viele sind ideale Gewächse für das Fensterbrett. Noch bessere Bedingungen können im Wintergarten oder gar im Kleingewächshaus herrschen.

In kühleren Räumen fühlen sich Alpenveilchen und Zimmerazalee wohl, die meisten anderen Arten sind aber für mehr Wärme und Licht dankbar. Bei trockener Luft erscheinen häufig Blattläuse und Spinnmilben. Daher ist das Befeuchten der Zimmerluft, regelmäßiges Gießen und Düngen besonders wichtig. Nach der Blüte ist ein kräftiger Rückschnitt bei vielen Pflanzen günstig. Sie bilden dann wieder neue Triebe und später auch Blüten.

Blühende Topfpflanzen benötigen mehr Licht als Grünpflanzen. Man kann sie daher an hellen, aber nie an vollsonnigen Plätzen verwenden.

Grünpflanzen sind mit weniger Licht zufrieden und daher für Schattenplätze geeignet. Nur selten kann man bei ihnen Blüten beobachten; sie zieren durch Laub und Wuchsform.
Buntblättrige Grünpflanzen haben auffällig gefärbte Blätter. Sie besitzen weniger Blattgrün und benötigen daher einen hellen Platz.

Schling- und Kletterpflanzen haben eine besondere Beachtung verdient. Sie klettern an größeren Gehölzen hinauf, bis sie genügend Licht erhalten, das für die Bildung von farbenprächtigen Blüten und Früchten ausreicht. In unseren Räumen können wir ihnen nur selten die dafür notwendigen Bedingungen geben und müssen daher meist auf Blüten verzichten. Schwach wachsende Arten eignen sich gut für Ampeln und Raumteiler.

Zu den **Kübelpflanzen** zählen viele Arten aus den Subtropen, die meist immergrüne Blätter besitzen. Sie sind langlebig, vertragen aber unsere strengen Winter nicht. Sie müssen daher von Oktober bis Mai in kühlen, hellen Räumen überwintert werden. Dort dürfen sie keinesfalls ganz austrocknen, auch auf Schädlinge ist im Winterquartier zu achten. Ein kräftiger Rückschnitt vor dem Einräumen verringert die Verdunstung, außerdem benötigen die Pflanzen dann nicht so viel Platz. Nach den Eisheiligen (Mitte Mai) kommen sie auf die Terrasse oder den Balkon.

Kakteen und Sukkulenten haben besondere Ansprüche. Sie können in Blättern und Sprossen Wasser speichern, bevorzugen einen besonders hellen Standort und meist ein lockeres, durchlässiges Erdsubstrat. Bei Wassergaben sei man hier sparsam.

Zimmerfarne und Gräser dagegen benötigen schattige Plätze und einen humusreichen Boden. Die Erde darf hier nie austrocknen.

Die meisten **Orchideen** sind dankbar für eine hohe Luftfeuchtigkeit. Sie brauchen ein besonderes Pflanzensubstrat aus Torfmoos, Borke und Farnwurzeln. Orchideen sind empfindlich gegenüber hohen Düngergaben.

Schnittblumen sind besonders beliebt. Spezielle Kulturtechniken ermöglichen das ganzjährige Angebot vieler Arten.

Das brauchen Pflanzen zum Wachsen

Für alle Pflanzen sind folgende Wachstumsfaktoren unentbehrlich: Licht, Luft, Wärme, Wasser und Nährstoffe. Nur wenn alle Aspekte ausreichend vorhanden sind, kann sich die Pflanze gut entwickeln.

Licht

Alle Pflanzen mit grünen Blättern und Trieben benötigen Licht, um assimilieren, also Stoffwechsel betreiben zu können. Daher ist es gerade bei Zimmerpflanzen ungemein wichtig, dass sie möglichst nah am Fenster stehen. Die Helligkeit nimmt drastisch ab, je weiter man vom Fenster weggeht.

Zimmerpflanzen haben sehr unterschiedliche Lichtbedürfnisse. **Schattenpflanzen**, meist erkennbar an großen, grünen Blättern, können mit

Blick in eine Nestbromelie (Nidularium concentrica).

wenig Licht auskommen. Sie gedeihen in der Natur im Dämmerlicht unter großen Bäumen, vertragen oder benötigen kein direktes Sonnenlicht. In der Tiefe des Büroraumes oder am Nordfenster stehen diese Gewächse richtig.

Exemplare mit panaschiertem oder mehrfarbigem Laub benötigen mehr Licht. Das sind dann **Pflanzen für den Halbschattenbereich.** Darunter gibt es auch eine Anzahl von Arten, welche direktes Sonnenlicht nur am Morgen oder Abend vertragen. Im Zimmer sollte man diese an Ost- oder Westfenster stellen oder bei direkter Sonne schattieren. Geschieht das nicht, so verbrennen vor allem die empfindlichen jungen Blätter.

Pflanzen, die volle Sonne verlangen oder ertragen, gehören an das Südfenster oder im Sommer auf die Sonnenterrasse. Sie haben meist besondere Verdunstungsschutzeinrichtungen wie Dornen, Stacheln, Behaarung, Kleinblättrigkeit und natürlich Sukkulenz. Dies bedeutet, dass Pflanzen in Trieben, Sprossen und Blättern Wasser speichern können. Man denke dabei vor allem an Kakteen, die meist ihre Blätter total reduziert haben und praktisch nur aus einem verdickten, grünen Spross bestehen. Die Dornen (viele Kakteenfreunde nennen sie fälschlich Stacheln) sind dabei umgewandelte Blätter, sie dienen auch dem Schutz vor Tierfraß.

Pflanzen wachsen immer dem Licht entgegen. Wenn diese am Fenster stehen, wenden sie ihre „Schokoladenseite" vom Betrachter ab. Wenn das Licht allerdings von zwei Seiten kommen kann, etwa im Gewächshaus, so wächst die Pflanze gerade. Wer auf die Idee kommen sollte, Gewächse am Fensterbrett ab und zu umzudrehen, damit sie gleichmäßiger wachsen, kann dabei eine böse Überraschung erleben. Einige Arten reagieren darauf mit dem Abwurf der Blüten oder Blütenknospen (z. B. Gardenien, Hibiskus, Kamelien, Wachsblumen und Weihnachtskakteen). Sicherheitshalber verändert man die Stellung der Pflanze am Fenster nicht, wenn sie gut gedeiht.

Neben dem Sonnenlicht wird im Gartenbau auch Kunstlicht zur Pflanzenbestrahlung eingesetzt. Besonders gut haben sich dafür Mischlichtlampen bewährt. Es ist auch möglich, Pflanzen nur mit Kunstlicht zu ziehen, doch dies hat seinen Preis. Besser ist es, Lampen zur Ergänzung einzusetzen.

Bei „**Langtagspflanzen**" setzt die Blütenbildung ein, wenn die Belichtung über 12 Stunden am Tag beträgt. Durch Zusatzbelichtung kann man Sommerblüher auch in den lichtarmen Jahreszeiten zur Blüte bringen.

„**Kurztagspflanzen**" dagegen setzen Blüten an, wenn die Tageslichtlänge unter 12 Stunden liegt. Der Gärtner benutzt diese Erkenntnis dafür, Chrysanthemen und Weihnachtssterne zu früheren oder späteren Terminen als üblich auf den Markt zu bringen. Voraussetzung ist, dass man die Pflanzen zum richtigen Zeitpunkt verdunkelt, sie also vom Tageslicht abschirmt. Die Pflanzen werden im Sommer 8–10 Wochen lang 14 Stunden

Bougainvillea glabra erklimmt in ihrer Heimat Mauern mit Leichtigkeit, bei uns wird sie als Kübelpflanze gehalten.

mit schwarzer Folie beschattet. Sie erhalten also nur 10 Stunden Licht am Tag. Erst dann setzen sie Knospen an und erblühen nach weiteren 10 Wochen.

Luft

Pflanzen leben auch von Luft. Sie nehmen unsere Atemluft auf und geben tagsüber Sauerstoff ab. Andererseits atmet die Pflanze aber genauso wie wir, sie nimmt Sauerstoff auf und gibt Kohlendioxid wieder ab. Dieser Vorgang erfolgt Tag und Nacht.

Immer wieder sollte man Zimmer und Wintergärten, Anzuchtkästen und Gewächshäuser lüften. Gerade bei Sonneneinstrahlung erhitzt sich die Luft im Glashaus sehr stark. Pflanzen in geschlossenen Frühbeetkästen, die nur wenige Stunden volles Sonnenlicht erhalten, können regelrecht „verbrennen", denn das Sonnenlicht wird beim Auftreffen auf den Boden und die Pflanzen in Wärme umgewandelt. Rasch entstehen Temperaturen weit über 45 °C, das Eiweiß der Pflanzen gerinnt und die kostbaren Gewächse sind reif für den Kompost. Nur eine ausreichende Lüftung und Beschattung verhindert größere Schäden.

Temperatur

Unsere Zimmerpflanzen sind in den unterschiedlichsten Klimazonen der Erde heimisch. Die Wachstumsbedingungen der jeweiligen Zone im Haus nachzuahmen, ist gar nicht einfach.

Selten hat man im Wohnhaus die Möglichkeiten, Tropenpflanzen aus dem Regenwald optimale Bedingungen zu geben. Diese möchten es nämlich durchgehend warm und feucht, so um die 20 °C am Tage, nachts etwas weniger. Unter diesen Bedingungen gedeihen Schimmelpilze vorzüglich. Wer möchte diese im Haus haben? Nur in einer geschlossenen Vitrine oder in einem Kleingewächshaus ist es möglich, tropische Pflanzen auf Dauer erfolgreich zu kultivieren.

Für viele Tropenpflanzen und bei der Vermehrung einiger Arten ist auch die Bodentemperatur von Bedeutung. Bei einem Heizkörper unter dem Fensterbrett können Pflanzen oft besser wachsen, trocknen aber auch rascher aus.

Wasser

Das Wasser bringt den Kreislauf der Pflanze in Schwung. Mit dem Bodenwasser werden auch darin gelöste Mineralsalze aufgenommen, die für Stoffwechsel oder Wachstum benötigt werden. Überflüssiges Wasser wird von den Blättern verdunstet, dies hält den Nährstoffstrom in Gang und erzeugt Kühlung. Immer sollte ein gewisses Gleichgewicht zwischen Wasserzufuhr und Verdunstung vorhanden sein. Gießen wir zu wenig, wird die Wasserzufuhr unterbrochen, die Pflanze welkt und kann vertrocknen.

Besonders interessant ist der Vorgang der Guttation. Nach windstillen, feuchtwarmen Nächten oder im Gewächshaus kann man gelegentlich an manchen Blatträndern große Wassertropfen feststellen. Weil die Luftfeuchtigkeit zu hoch ist, kann die Pflanze kein Wasser verdunsten, daher wird hier überflüssiges Wasser aus besonderen Wasserspalten abgegeben. Der Wasserkreislauf wird dadurch in Gang gehalten.

Richtiges Gießen
Im Allgemeinen wird das Substrat gegossen. Wasser gehört normalerweise nicht auf die Blätter, denn sonst können sich Pilzkrankheiten ausbreiten. Viele Gewächse kann man aber hin und wieder abduschen. Eine Markierung am Topf hilft, die Pflanzen wieder richtig ausgerichtet aufzustellen.

Viele **Tropenpflanzen** lieben eine gleichmäßige Feuchtigkeit. Sie müssen täglich gegossen werden, die Erde darf nicht oder nur kurzzeitig trocken werden. Zusätzlich sorgt man durch Benebeln aus besonderen Nebeldüsen für eine hohe Luftfeuchtigkeit. Besonders im Winter sollte das Gießwasser leicht erwärmt werden.

Manche Arten dürfen nur in den Untersetzer gegossen werden, sonst bekommen die Blätter unschöne Flecken. Dazu zählen viele Arten mit feinen Haaren, etwa die Gesneriengewächse. Sie sollten täglich sogar mehrmals gegossen werden, vor allem im Sommer, wenn sie im Freien stehen. **Bromelien** gießt man vornehmlich in die Blattzisternen.

Mäßig gießen bedeutet, dass die Erde zwischendurch ein wenig trocken werden kann, aber nicht völlig austrocknen darf. Torfhaltige Substrate sind problematisch (Einheitserde, TKS usw., siehe Seite 12). Sie bestehen vorwiegend aus Weißtorf, dies ist wenig verrottetes Torfmoos (Sphagnum). Es kann Wasser bis zu seinem 9-fachen Volumen aufnehmen. Ist dieses Substrat einmal völlig ausgetrocknet, nimmt es kaum wieder Wasser auf. Die Pflanze muss dann für längere Zeit getaucht werden, damit sie noch zu retten ist.

Sukkulenten und Kakteen werden ziemlich trocken gehalten, weil sie zwischen jedem Gießvorgang eine Ruhepause benötigen, um Fäulniserkrankungen vorzubeugen. Kakteen nehmen das Wasser über ihre oberflächennahen Feinwurzeln auf und speichern es in ihrem fleischigen Körper. Dabei handelt es sich oft um Tau oder schwache Regen, die den Boden kaum befeuchten. Viele Kakteen wachsen gut, wenn sie besonders im Sommer abends besprüht werden. Der Zeitpunkt ist wichtig, da bei morgendlichem Sprühen leicht Verbrennungen auftreten können. Gegossen werden muss trotzdem, da nur wenigen Arten (z. B. *Copiapoa*-Arten) das Sprühen allein zur Wasseraufnahme ausreicht.

Stecklinge und Aussaaten sollten täglich mehrmals fein übersprüht werden. Eine mit Wasserdampf gesättigte Luft und hohe Temperaturen fördern die Wurzelbildung.

Einige Arten sind für kalkfreies Wasser dankbar. Enthärtetes Wasser oder auch Regenwasser ist hier angebracht. Dazu zählen Kamelien, Rhododendron, Orchideen und viele andere. Diese bekommen gelbe Blätter (Chlorose), wenn sie zu hartes Wasser erhalten.

Nährstoffe
Pflanzen benötigen zum Wachstum eine Vielzahl von Nährstoffen. Beim Kauf sind diese schon in den Substraten enthalten. Nach einer gewissen Zeit sind die Nährstoffe aufgezehrt, es muss nachgedüngt werden. Der aufmerksame Pflanzenfreund beobachtet bei seinen Lieblingen einen nachlassenden Wuchs und eine gelbliche Verfärbung der Blätter. Was fehlt nun?

Es dauert eine Weile, bis der Japanische Sagopalmfarn (Cycas revoluta) zu solch einer Größe herangewachsen ist.

Stickstoff ist für das Wachstum und die Grünfärbung wichtig, Phosphor braucht die Pflanze zur Ausbildung von Blüten und Früchten, Kalium zur Stabilität. Dazu sind noch eine Anzahl von einzelnen Spurenelementen notwendig, besonders wichtig sind Eisen und Magnesium.

Im Handel sind eine Fülle von Düngern mit unterschiedlicher Wirkung. Mineralische Dünger wirken unmittelbar, können aber bei zu hoher Konzentration Verbrennungen verursachen, organische Dünger dagegen wirken langsam.

In der Regel wird man Mehrnährstoffdünger verwenden, entweder stickstoffbetonte für das Wachstum oder phosphorbetonte für die Blütenbildung. Auch Langzeitdünger sind im Einsatz, sie werden zumeist schon vom Gärtner in das Substrat gemischt. Für Hydrokulturen gibt es sogenannte Ionenaustauscher, diese halten meist 6 Monate vor.

Dünger verabreicht man in der Wachstumsphase vom Frühling bis zum Sommer. Im Winter ist dies nur bei Pflanzen notwendig, die auch in dieser Zeit weiterwachsen.

Die verschiedenen Pflanzenstandorte im Zimmer

Der wichtigste Platz für eine Zimmerpflanze ist stets direkt am Fenster, weil sie dort das meiste Licht erhält. Allerdings vertragen nur wenige Gewächse die volle Sonneneinstrahlung eines Südfensters, das schaffen meist nur Sukkulenten. Besser sind dagegen Ost- oder Westfenster. Meist ist unter dem Fensterbrett die Heizung installiert, dies bedeutet in der Regel, dass es dort warm, trocken und hell ist. Besonders im Winter ist dies für viele Pflanzen ungünstig, daher muss die Luftfeuchtigkeit erhöht werden.

Gut gedeihen viele Pflanzen in einem wasserundurchlässigen Trog, der auf das Fensterbrett gestellt wird und in welchem die Töpfe in einer Kiesschicht stehen. Dann kann man das Wasser einfach in den Trog gießen, durch die Kiesschicht steht der Topf nicht ständig im Wasser und die Wurzeln können Wasser nach Bedarf aufnehmen. Außerdem wird die Luftfeuchtigkeit erhöht.

Noch besser ist es, wenn man eine Pflanzwanne am Fenster aufstellt. Auf eine Dränageschicht kommt eine Lage Vlies als Trennschicht, dann das Substrat. Bei Kakteen und Sukkulenten nehme man Sand, bei anderen Pflanzen ist Torf oder auch Seramis günstig. Die Wanne sollte so tief sein, dass man Pflanzen mit dem Topf völlig in das Substrat einsenken kann. Bei Tontöpfen kann Wasser durch die porösen Wände an die Wurzeln gelangen. Bei dieser Methode ist man so mobil, dass man die Töpfe immer wieder bei Bedarf herausnehmen kann. Ein noch besseres Wachstum findet statt, wenn die Pflanzen direkt in das Substrat ausgepflanzt werden. Ab und zu muss Erde nachgefüllt werden.

Weniger Gießaufwand erfordert die Hydrokultur. Hier werden die Pflanzen nicht in Erdsubstrat kultiviert, sondern in Blähton. Die Anzuchttöpfe sind gitterförmig, die Wurzeln stehen in feinem Granulat. Nun stellt man die Anzuchttöpfe in das wasserdichte Hydrogefäß und füllt die Zwischenräume mit gröberem Blähton auf. Jedes Gefäß hat einen Wasserstandsanzeiger, der angibt, wie hoch das Wasser steht. Die Gießarbeit wird dadurch wesentlich vereinfacht, weil man Wasser nur alle 2–3 Wochen nachfüllen muss. Als Dünger wird Lewatit verwendet, ein sogenannter Ionenaustauscher, welcher keine Verbrennungsschäden verursacht. Nach 6 Monaten sollte die Düngerbatterie ausgetauscht werden.

Das Blumenfenster ist auf allen Seiten von Glasfenstern umgeben, das Außenfenster besitzt eine Scheibe aus Isolierglas. Die Gewächse sitzen in einer Pflanzwanne. Auf diese Weise entsteht ein besonders wachstumsförderndes Klima für tropische Gewächse. Auch die Anbringung von Lampen zur Beleuchtung ist möglich. Wegen der erforderlichen Pflegemaßnahmen sollte die Tiefe eines Blumenfensters nicht mehr als 80 cm betragen.

Als Vitrine bezeichnet man eine Pflanzwanne, die komplett von Glasscheiben umgeben ist. In die Deckplatte kann auch die Beleuchtung integriert sein, die das Wachstum der Pflanzen fördert.

So verwenden Sie dieses Buch

Die Gewächse in diesem Werk sind in alphabetischer Reihenfolge nach Gattungen und Arten geordnet. In der gärtnerischen Praxis ist der Gebrauch der botanischen Namen üblich. Daneben sind auch die gebräuchlichen deutschen Namen aufgeführt. Die Familienzugehörigkeit ist jeweils angegeben.

Die Begriffe in den Porträts

Bei den **Blüten** werden unterschiedliche Formen beschrieben. Die Begriffe bedeuten Folgendes:
Radiäre Blüten, auch polysymmetrisch genannt, haben eine gleichmäßig geformte Blüte. Diese lässt sich durch mehrere Symmetrieachsen spiegelbildlich betrachten.
Zygomorphe Blüten, auch als disymmetrisch bezeichnet, haben eine Blüte, die sich nur durch eine einzige Achse spiegelbildlich betrachten lassen kann.

Unter dem Stichwort **Verwendung** wird beschrieben, in welchem Teil des Hauses oder des Gartens die Pflanze verwendet wird. Dabei bedeuten die Begriffe:
Profi-Glashaus: geräumiges, heizbares Glashaus mit hoher technischer Ausstattung.
Hobby-Glashaus: kleines Glashaus für den Hobbybedarf.
Wintergarten: kleines, heizbares Glashaus, das sich an den Wohnbereich anschließt.
Zimmer- oder Topfpflanze: für bewohnte Räume, mit unterschiedlichem Pflegeaufwand. Dieser richtet sich nach der Herkunft der Pflanzen.
Vitrine: mobiles Schaugewächshaus, geschlossen, teuer.
Blumenfenster: helle Standorte, geschlossen, mit hoher Luftfeuchtigkeit.
Fensterbrett: kleinräumiger Pflanzenstandort.
Kübelpflanze/Kübel- und Beetpflanze: starkwüchsige Pflanzen für Wintergarten, Terrasse und Garten.
Balkonpflanze, Terrasse: für Töpfe, Tröge und Kübel; Pflanzen vertragen Wind und stärkere Temperaturwechsel.
Beetpflanze: Pflanze zur Verwendung in Freilandbeeten.
Zimmer- und Beetpflanze: Pflanze, die sommers im Freiland verwendet werden kann. Die kühlere Jahreszeit überdauert sie jedoch in beheizten Räumen.
Ampelpflanze: kriechende oder hängende Pflanze.
Bodendecker: überzieht flächig den Boden.
Kletterpflanze: höher wachsende Pflanze, die Boden und Wände flächig überziehen kann.

Unter dem Stichwort **Kultur** werden verschiedene Erdmischungen empfohlen:
Einheitserde: Erdmischung aus Hochmoortorf und krümelfestem Ton und Düngerzusatz.
EE-P: Pikiererde mit wenig Nährstoffgehalt zur Anzucht.
EE-T: Topferde mit höherem Nährstoffgehalt zur Weiterkultur.
EE-ED 73: Erdmischung mit Dauerdüngerzusatz für z. B. Dachgärten und Container.

TKS: Torfkultursubstrat: Mischung aus strukturstabilem Hochmoortorf und Düngerzusatz.
TKS 1: Anzuchterde mit wenig Nährstoffanteilen.
TKS 2: Topferde für die Weiterkultur mit höherem Nährstoffanteil.

Erläuterung der verwendeten Abkürzungen und Symbole

subsp.: Subspecies = Unterart mit von der Art abweichenden Merkmalen.
var.: Varietät = Varietät mit abweichenden Merkmalen.
×: Kreuzung zweier naher verwandter Gattungen oder Arten.

Wuchshöhe: Angaben in Meter. Steht der Blütenstand über dem Laub, wird zunächst die Blütenhöhe angegeben, dann folgt die Wuchshöhe. Angaben in Klammern beschreiben die Wuchshöhe am natürlichen heimischen Standort der jeweiligen Pflanze. Weitere Hinweise zum Wuchsverhalten finden Sie unter dem Stichwort Wuchsform.

Blütezeit: Monatsangaben in römischen Ziffern. Keine Angabe wird gemacht, wenn die Pflanze auch am natürlichen Standort ausgesprochen selten oder besonders unscheinbar blüht. Der Hinweis „unterschiedlich" wird dann gegeben, wenn die Sorten der beschriebenen Art im Handel dominieren und die Blütezeit über das ganze Jahr verteilt ist. Angaben in Klammern verweisen auf das Blühverhalten am Naturstandort. Diese Information kann leider nicht zu allen vorgestellten Pflanzen angeboten werden.

Winterschutz: Beschreibt, wie die Pflanze den Winter in gemäßigten, winterkalten Klimaten überdauern kann. Im Einzelnen bedeutet das:
Kühle Räume: mindestens 5–10 °C.
Kalthaus: mindestens 10–14 °C.
Wintergarten bzw. temperiertes Haus: mindestens 14–18 °C.
Warmhaus: mindestens 18–24 °C. Pflanzen stehen ganzjährig im Warmhaus.
Laubdecke: im Freiland unter einer schützenden Schicht aus Reisig und Laub.

Giftpflanze: Pflanze, die in einigen oder in allen Teilen reizend oder toxisch wirkt.

Zimmerpflanzen von A–Z

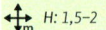 H: 1,5–2   I–XII   Kalthaus   H: 1,5–2   I–XII   Kalthaus

Abutilon 'Feuerglocke'

Schönmalve
Malvaceae, Malvengewächse

Heimat: Züchtung. Tropisch.
Wuchsform: Breit aufrechter, raschwüchsiger Strauch.
Blatt: Wechselständig, immergrün, 3- bis 7-lappig, handförmig, 8–12 cm.
Blüte: Glockig, 3–5 cm, 5-zählig, orangefarben mit roten Streifen, in Trauben.
Frucht: Spaltfrucht, selten ausgebildet.
Standort: Sonnige, warme Lagen, auch auf Beeten, meist im Kübel.
Verwendung: Im Sommer auf der Terrasse als Kübelpflanze, im Winter im Kalthaus.
Vermehrung: Aussaat im März.
Kultur: In humosem Substrat bei gleichmäßiger, geringer Feuchte. Vor Staunässe und Ballentrockenheit schützen.
Hinweise: Wuchsregulierung in der Jugend ergibt gedrungenere Pflanzen.

Abutilon megapotamicum

Schönmalve
Malvaceae, Malvengewächse

Heimat: Südostbrasilien. Tropisch.
Wuchsform: Breiter Strauch mit zierlichen, dünnen, bogig überhängender Trieben.
Blatt: Wechselständig, 3-lappig, eiförmig, immergrün, 4–8 cm.
Blüte: Radiär, hängende Glocke, 3–5 cm, 5-zählig, gelb, Kelchblätter orangefarben.
Frucht: Spaltfrucht, selten ausgebildet.
Standort: Sonnige, warme Lagen.
Verwendung: Im Sommer auf der Terrasse als Kübelpflanze, auch als Stämmchen im Freiland, im Winter im Kalthaus, Ampelpflanze.
Vermehrung: Aussaat im März.
Kultur: In humosem Substrat bei gleichmäßiger, geringer Feuchte, vor Staunässe und Ballentrockenheit schützen.
Sorte: 'Aureum', Blätter grün mit gelben Blattflecken.

 H: 2   I–IV   Wintergarten   H: 2–3   V–X  Kalthaus

Acacia dealbata

Silber-Akazie, Mimose
Mimosaceae, Mimosengewächse

Heimat: Südost-Australien, in Südeuropa eingebürgert. Tropisch, subtropisch.
Wuchsform: Breitkronig, rasch wachsender Baum, nicht winterhart. In Südeuropa 6 m (bis 20 m hoch).
Blatt: Wechselständig, doppelt paarig gefiedert, immergrün, silbrig, 7–12 cm lang.
Blüte: Köpfchen 5–6 mm groß, hellgelb, in großen Rispen, duftend.
Frucht: Hülse flach, 4–10 cm lang.
Standort: Durchlässige Böden in sonniger Lage.
Verwendung: Einzeln als Kübelpflanze für Wintergärten, wichtig als Schnittblume im Vorfrühling.
Vermehrung: Stecklinge im Sommer, Aussaat.
Kultur: In kalkfreiem Substrat, pH 5–5,5, Moorerde, Heideerde, Sand. Im Sommer im Freien, im Winter im Kalthaus (bis −5 °C).

Acalypha amentacea subsp. wilkesiana

Fuchsschwanz, Nesselblatt
Euphorbiaceae, Wolfsmilchgewächse

Heimat: Südseeinseln. Subtropisch bis tropisch.
Wuchsform: Breit buschiger, dichter Strauch.
Blatt: Wechselständig, eiförmig, 15–25 cm lang, bronze-rot, Rand gesägt.
Blüte: Ähren blassrosa, bis 20 cm lang.
Frucht: Kapseln, unscheinbar.
Standort: Humose Böden in sonnigen Lagen.
Verwendung: Solitär, Kübelpflanze, Hecke in milden Gebieten. Im Sommer ins Freie bringen. Überwinterung hell bei etwa 10 °C.
Vermehrung: Stecklinge im Sommer.
Kultur: Keine Staunasse oder Trockenheit.
Sorte: 'Macrophylla', großblättrig, Laub rotbronze-kupfer panaschiert.
Hinweise: Gelegentlicher Befall durch Spinnmilben und Weiße Fliege.

H: 0,15 | V-X | kühle Räume   H: 2-3 | VI-VIII | Kalthaus

Acalypha chamedrifolia

Hängender Fuchsschwanz
Euphorbiaceae, Wolfsmilchgewächse

Heimat: Hispaniola. Subtropisch bis tropisch.
Wuchsform: Breite, lockere Hängepflanze für Ampeln.
Blatt: Wechselständig, herzförmig, grün, 2–4 cm lang.
Blüte: Rote Ähren (Blütenschwänze) bis 10 cm lang.
Frucht: Kapseln, unscheinbar.
Standort: Regengeschützte Plätze in sonnigen Lagen.
Verwendung: Ampelpflanze im Einzelstand. Überwinterung in hellen, kühlen Räumen bei etwa 10 °C.
Vermehrung: Stecklinge im Sommer.
Kultur: Empfindlich gegen Staunässe und Ballentrockenheit.
Hinweise: Gelegentlicher Befall durch Spinnmilben und Weiße Fliege.

Acalypha hispida

Fuchsschwanz, Nesselblatt
Euphorbiaceae, Wolfsmilchgewächse

Heimat: Indonesischer Archipel, Neuguinea. Subtropisch bis tropisch.
Wuchsform: Breit buschiger, locker aufrechter Strauch.
Blatt: Wechselständig, herzförmig, gesägt, glänzend grün, 12–15 cm lang.
Blüte: Rote Ähren (Blütenschwänze) bis 0,5 m.
Frucht: Kapseln, unscheinbar.
Standort: Hell.
Verwendung: Einzeln als Kübelpflanze im Wintergarten, Kalthauspflanze. Überwinterung in hellen, kühlen Räumen bei etwa 10 °C.
Vermehrung: Stecklinge im Frühling. Einheitserde, pH etwa 6,5.
Kultur: Empfindlich gegen Staunässe und Ballentrockenheit.
Hinweise: Gelegentlicher Befall durch Spinnmilben und Weiße Fliege

 H: 2–4 m   V–VII   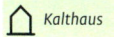 Kalthaus   H: 0,5 m Bl: 0,4   VII–IX   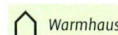 Warmhaus

Acca sellowiana

Ananasguave
Myrtaceae, Myrtengewächse

Heimat: Argentinien, Südbrasilien, Uruguay. Subtropisch.
Wuchsform: Aufrechter, mehrstämmiger Strauch. In der Heimat bis 7 m hoch wachsend.
Blatt: Gegenständig, elliptisch, immergrün, dunkelgrün, unterseits weißfilzig, 8 cm lang.
Blüte: Radiär, 4–6 cm, 4-zählig, weiß, Staubfäden. Nachblüte bis zum Winter.
Frucht: Graugrüne Beere, 4–6 cm, essbar.
Standort: Geschützte Lagen, warm und sonnig, helle Überwinterung.
Verwendung: Einzeln in Kübeln, im Sommer auch im Freien. Nutzpflanze.
Vermehrung: Stecklinge im Frühling bei 20 °C.
Kultur: In durchlässigen, humosen Substraten, hoher Wasserbedarf. Mit Regenwasser gießen.
Sorte: 'Triumph', rosa, blüht reichlich.
Hinweise: Regelmäßiger Rückschnitt im März.

Achimenes erecta

Aufrechter Schiefteller
Gesneriaceae, Gesneriengewächse

Heimat: Mexiko bis Kolumbien. Tropisch.
Wuchsform: Dicht buschige, weichtriebige Staude mit kleinen, zapfenartig beschuppten Erdsprossen.
Blatt: Gegenständig, breit lanzettlich, grün, unterseits rötlich, 5–6 cm lang.
Blüte: Zygomorphe Röhrenblüte, 1,5 cm, 5-zählig, rot, in Blattachseln.
Frucht: Kapsel.
Standort: Hell, aber keine direkte Sonne, 20–25 °C.
Verwendung: Reich blühende Zimmerpflanze.
Vermehrung: Aussaat von I–III bei 22 °C; Kopfstecklinge von III–VI; Rhizomteilung.
Kultur: Triebe ziehen im Herbst ein, Topfballen trocken überwintern. Im Vorfrühling Rhizome frisch topfen in TKS, warm und feucht halten, Blätter nicht mit Wasser benetzen.

H: 1 | IV–VII | Warmhaus   H: 0,3–0,45 | - | Warmhaus

Adenium obesum

Wüstenrose
Apocynaceae, Hundsgiftgewächse

Heimat: Ägypten, Sudan, Äthiopien, Ostafrika, Arabien. Subtropisch, tropisch.
Wuchsform: Sparriger, stammsukkulenter Strauch, Triebe mit Milchsaft. In der Heimat bis 4 m hoch wachsend.
Blatt: Wechselständig, meist wirtelig am Triebende, breit lanzettlich, fleischig, dunkelgrün, 7–10 cm lang.
Blüte: Radiär, trompetenförmig, 4–5 cm, 5-zählig, hellrot, in Trauben.
Frucht: Trockene Schließfrucht.
Standort: Vollsonnige Lagen.
Verwendung: Zimmerpflanze für Einzelstellung, Sukkulentensammlung. Nicht winterhart.
Vermehrung: Stecklinge oder Aussaat im März.
Kultur: In durchlässigem Kakteensubstrat, während der Vegetationszeit regelmäßig gießen, in der winterlichen Ruhezeit kaum gießen.

Adiantum raddianum

Frauenhaarfarn
Adiantaceae, Frauenhaarfarngewächse

Heimat: Mittelamerika, Südamerika. Tropisch.
Wuchsform: Zierliche Horste mit leicht überhängenden Trieben.
Blatt: Wechselständig, mehrfach gefiedert, Stiel schwarzbraun.
Standort: Halbschattig bis schattig bei hoher Luftfeuchtigkeit.
Verwendung: Zimmerpflanze. Als Unterpflanzung im Warmhaus, Schnittgrün.
Vermehrung: Teilung im Frühling einfach. Auch Sporenvermehrung möglich.
Kultur: In humosem Substrat, nur Regenwasser verwenden, Topfballen darf nicht austrocknen.
Sorte: 'Fragrantissimum', lockerer Wuchs.
Hinweise: Trockene Blätter entfernen, empfindlich gegen hohe Düngergaben.
Ähnliche Art: *A. tenerum*, Fächer-Frauenhaarfarn, tropisches Amerika.

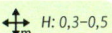 H: 0,3–0,5   VII–IX 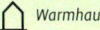 Warmhaus   H: 0,6–1   I–II 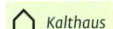 Kalthaus

Aechmea fasciata

Lanzenrosette
Bromeliaceae, Bromeliengewächse

Heimat: Brasilien. Tropisch.
Wuchsform: Aufrechter Epiphyt mit trichterförmigen Blattrosetten.
Blatt: Schraubig gestellt, linealisch, gezähnt, mit graugrüner Bänderung, 30–50 cm lang.
Blüte: Einzelblüte blau, wenig auffällig. Ähriger Blütenstand erscheint aus dem Trichter mit rosafarbenen, gezähnten Hochblättern, diese sind lange haltbar.
Frucht: Beere.
Standort: Hell, warm und trocken.
Verwendung: Als Zimmerpflanze auf der Fensterbank, Blumenfenster.
Vermehrung: Abtrennen der bewurzelten Kindel, auch durch Samen möglich.
Kultur: In durchlässiger, humoser Erde mit Sphagnum-Zusatz oder TKS, Regenwasser auch in die Trichter gießen.

Aeonium arboreum

Aeonium
Crassulaceae, Dickblattgewächse

Heimat: Marokko. Mediterran.
Wuchsform: Breit aufrechte, verzweigte Stämmchen mit Blattrosetten am Triebende.
Blatt: Schraubig, spatelförmig, 5–15 cm lang.
Blüte: Radiär, 2 cm, gelbe Blütchen an endständiger Rispe, diese sind 10 cm lang.
Frucht: Mehrfächerige Balgfrüchte.
Standort: Hell, aber nicht zu sonnig, Fensterbank, im Sommer im Freien.
Verwendung: Einzeln in größeren Tontöpfen, Zimmerpflanze, im Sommer auch im Sukkulentenbeet.
Vermehrung: Triebstecklinge oder Aussaat der feinen Samen im Frühling.
Kultur: In Kakteenerde, mäßig gießen und düngen, im Frühling umtopfen.
Sorte: 'Schwarzkopf', dunkel-braunrote Blätter.
Hinweise: Ruhezeit im Winter einhalten.

H: 0,2–0,35 Bl: 0,1 | VII–IX | Kalthaus

H: 0,1–0,2 | V–VIII | Warmhaus

Aeonium tabuliforme
Teller-Aeonium
Crassulaceae, Dickblattgewächse

Heimat: Teneriffa. Mediterran, subtropisch.
Wuchsform: Flache, bis 25 cm breite Blattrosette.
Blatt: Spatelig, hellgrün, 5–15 cm lang.
Blüte: Radiär, 2 cm, gelbe Blütchen an endständiger Rispe, 10–25 cm lang. Monocarp.
Frucht: Mehrfächerige Balgfrüchte.
Standort: Absonnig, in Mauerfugen, im Gewächshaus oder Wintergarten. Nicht winterhart.
Verwendung: Einzeln in größeren Töpfen als Zimmerpflanze, Sukkulentenbeete, gut für Steinanlagen.
Vermehrung: Aussaat der feinen Samen im Frühling.
Kultur: In Kakteenerde, mäßig gießen und düngen. Im Frühling umtopfen. Ruhezeit im Winter.
Hinweise: Nach der Samenreife stirbt die ganze Rosette ab.

Aeschynanthus radicans
Schamblume
Gesneriaceae, Gesneriengewächse

Heimat: Java. Tropisch.
Wuchsform: Staude bis Halbstrauch mit 0,5–0,8 m lang herabhängenden Trieben.
Blatt: Gegenständig angeordnet, eiförmig zugespitzt, 4–6 cm lang, dunkelgrün.
Blüte: Zygomorphe Röhrenblüte, 5–6 cm lang, 5-zipfelig, scharlachrot mit schwarzrotem, behaarten Kelch, in end- und achselständigen Büscheln.
Frucht: Längliche Kapsel.
Standort: Halbschattig, Temperatur zwischen 20 und 25 °C, im Winter niedriger.
Verwendung: Ampelpflanze oder als Epiphyt.
Vermehrung: Kopfstecklinge im Frühling.
Kultur: In TKS mit Zusatz von Sphagnum oder Styromull. Erde gleichmäßig feucht halten.
Hinweise: Auf Blattläuse achten. Bild: *A. radicans* 'Purple Star'.

| H: 0,7–0,8 Bl: 0,4–0,6 | VII–VIII | Kalthaus | H: 3–8 Bl: 1 | VI–IX | Kalthaus |

Agapanthus praecox

Schmucklilie
Alliaceae, Lauchgewächse

Heimat: Südafrika: Östliches Kap. Gemäßigt, mediterran.
Wuchsform: Aufrechte Staude mit fleischigen Wurzeln. Laub überhängend.
Blatt: Schmal, immergrün, bis 60 cm lang, 3 cm breit, glänzend grün
Blüte: Trichterförmig, 3–4 cm, blau oder weiß in zusammengesetzter Dolde.
Frucht: Kapsel mit schwarzen Samen.
Standort: Volle Sonne in warmen Lagen in durchlässigen Böden.
Verwendung: In großen Kübeln oder auf Beeten. Ruhezeit im Winter hell und kühl, Kalthaus.
Vermehrung: Teilung im Frühling, Aussaat mit Vorkultur.
Kultur: Kräftige Humuserde mit Lehmanteil, Reichlich gießen und düngen. Im Winter weniger, aber nicht ganz austrocknen lassen.

Agave americana

Amerikanische Agave
Agavaceae, Agavengewächse

Heimat: Mexiko. Subtropisch, mediterran.
Wuchsform: Breit aufrechte, Rosetten bildende Sukkulente.
Blatt: Dickfleischig, bis über 1 m lang, blaugrün; Rand- und spitze Enddornen.
Blüte: Becherförmig, 8 cm lang, gelb, in bis 8 m hoher Blütenrispe, monocarp, selten.
Frucht: Kapsel.
Standort: Vollsonnig, auch steinig, in warmen, geschützten Lagen. Nicht winterhart.
Verwendung: Einzeln in Kübeln auf großen Terrassen, öffentliche Anlagen. Überwinterung im Kalthaus.
Vermehrung: Abtrennen der Ausläufer im Frühling. Aussaat im März unter Glas.
Kultur: Sandige Lehmerde mit 40 % Lauberdeanteil. Kann viel Trockenheit vertragen.
Sorte: 'Marginata Aurea', gelb gestreift (Bild).

 H: 2–3
Bl: 0,6 VI–IX Kalthaus    H: 0,3–0,45 VI–IX 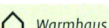 Warmhaus

Agave victoriae-reginae

Zwerg-Agave
Agavaceae, Agavengewächse

Heimat: Mexiko. Subtropisch, mediterran.
Wuchsform: Breit aufrechte, dichte Rosetten bildende Sukkulente.
Blatt: Fleischig, lineal, grün mit weißem Rand und Enddornen, bis 60 cm lang.
Blüte: Becherförmig, 4–6 cm lang, gelbgrün, in bis 3 m hoher Blütenrispe, monocarp, sehr selten.
Frucht: Kapsel.
Standort: Vollsonnig, auch steinig, in warmen, geschützten Lagen.
Verwendung: Einzeln in Kübeln auf Terrassen, Steingärten, aber dort im Topf einsenken. Nicht winterhart, daher ins Kalthaus einräumen.
Vermehrung: Aussaat im März unter Glas.
Kultur: Sandige Lehmerde mit 40 % Lauberdeanteil. Kann als Sukkulente viel Trockenheit vertragen.

Aglaonema commutatum

Kolbenfaden
Araceae, Aronstabgewächse

Heimat: Philippinen, Sulawesi. Tropisch.
Wuchsform: Buschiger Halbstrauch.
Blatt: Wechselständig, breit lanzettlich, meist weiß gefleckt, bis 30 cm lang.
Blüte: Kolbenförmig, 5–8 cm, weiß, umgeben von hellgrüner Spatha.
Frucht: Kolben mit roten Beeren, selten.
Standort: Warmhaus, halbschattig bis schattig, hohe Luftfeuchtigkeit.
Verwendung: Als Zimmerpflanze, Vitrinen, Badezimmer, Wintergärten.
Vermehrung: Kopfstecklinge und Stammstücke, ganzjährig möglich.
Kultur: In Einheitserde, gleichmäßig feucht halten, alle 2 Jahre umtopfen. Besprühen mit kalkfreiem Wasser verhindert Kalkflecken.
Sorte: 'Silver Queen' mit silberweiß gefleckten Blättern.

 H: 2–5   VI–VIII  Kalthaus

 H: 6–10   IV–XI 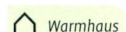 Warmhaus

Albizia julibrissin

Seidenbaum, Seidenakazie
Mimosaceae, Mimosengewächse

Heimat: Vom Iran bis China und Japan. Mediterran, subtropisch.
Wuchsform: Mehrstämmiger, breitkroniger Baum. In milderen Gebieten auch bis 10 m hoch.
Blatt: Wechselständig, doppelt gefiedert, sichelförmig, Einzelblättchen 1 cm lang.
Blüte: Einzelblüte winzig, Blütenköpfchen kugelig, 4 cm, hellrosa, mit vielen langen Staubgefäßen.
Frucht: Hülse, flach, 10–15 cm lang.
Standort: Sonnig bis halbschattig.
Verwendung: In Kübeln auf Terrassen, sommers auch ausgepflanzt. Ab Herbst ins Kalthaus einräumen. Nicht winterhart.
Vermehrung: Aussaat im Frühling.
Kultur: Kalkfreie Substrate wie Rhodohum, jährlich im Frühling umtopfen. Regelmäßig im Winter schneiden, mit Regenwasser gießen.

Allamanda cathartica

Goldtrompete
Apocynaceae, Hundsgiftgewächse

Heimat: Nördliches Südamerika. Tropisch.
Wuchsform: Rasch wachsender, 6–10 m hoher Schlinger.
Blatt: Quirlständig, eiförmig, ganzrandig, immergrün, glänzend, 10–14 cm lang.
Blüte: Trichterförmig, 5 cm, leuchtend gelb, zu mehreren am Triebende.
Frucht: Eiförmige Kapsel.
Standort: Hell bis halbschattig, warm, hohe Luftfeuchtigkeit.
Verwendung: Wintergärten, Rankgerüste. Hell überwintern, sonst Blattfall möglich.
Vermehrung: Triebstecklinge im Warmhaus.
Kultur: In Einheitserde, benötigt viele Nährstoffe und Wassergaben, darf im Winter nicht austrocknen. Im Februar zurückschneiden.
Sorte: 'Williamsii', gelb-weiße Blüten, 1–2 m hoch.

| 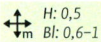 H: 0,5
Bl: 0,6–1 | 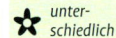 unterschiedlich |  Warmhaus | H: 1–4 | I–IV | 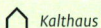 Kalthaus |

Alocasia longiloba

Alokasie, Tropenwurz
Araceae, Aronstabgewächse

Heimat: Kalimantan (Borneo), Malaiische Halbinsel. Tropisch.
Wuchsform: Lockere Horste bildende Staude mit knolligen Rhizomen.
Blatt: Oval bis pfeilförmig, grundständig, langgestielt, immergrün mit weißer Zeichnung, unten violett, glänzend, 20–30 cm lang, über 10 cm breit.
Blüte: Einzelblüten auf Kolben, Spatha grünweiß, wenig auffallend, selten.
Frucht: Beere.
Standort: Halbschattig bis schattig, bei 22 °C, winters bei 18 °C.
Verwendung: Warmhaus, Wintergärten.
Vermehrung: Teilung der Rhizome.
Kultur: In humoser Erde mit Sphagnum, Hygromull und Sand. Nicht austrocknen lassen, von IV–IX alle 2 Wochen düngen. (Bild: *A.* × *amazonica*)

Aloe arborescens

Baumartige Aloe
Aloaceae, Aloengewächse

Heimat: Südafrika: Natal. Subtropisch, mediterran.
Wuchsform: Breit aufrechter, sukkulenter Strauch.
Blatt: Schraubig, linealisch, gezähnt, graugrün, 40–60 cm lang.
Blüte: Röhrenblüten bis 4 cm lang, orangefarben, endständige Trauben 60 cm lang.
Frucht: Kapsel.
Standort: Vollsonnig, im Sommer draußen.
Verwendung: Einzeln in Gefäßen auf Terrasse und Balkon im Sommer. Ab Herbst frostfrei, aber kühl und trocken überwintern. Kalthauspflanze.
Vermehrung: Aussaat im Vorfrühling, Abtrennen von Seitensprossen.
Kultur: In durchlässigem, sandigem Substrat.
Besonderes: Heilpflanze, schleimiger Saft kann gegen Verbrennungen helfen.

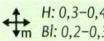 H: 0,3–0,4
Bl: 0,2–0,3   VI–VII 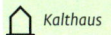 Kalthaus   H: 3–4   IV–VI  Warmhaus

Aloe variegata

Brand-Aloe, Tiger-Aloe
Aloaceae, Aloengewächse

Heimat: Südafrika: Botswana, Kap. Subtropisch, mediterran.
Wuchsform: Aufrechter, sukkulenter Halbstrauch mit Blattrosetten an den Triebenden.
Blatt: Linealisch, dreieckig im Querschnitt, graugrün mit weißen Querbändern, Blattrand mit weißen Zähnen, 15 cm lang.
Blüte: Röhrenblüten bis 4 cm lang, orangerot, endständige Trauben 30 cm lang.
Frucht: Kapsel.
Standort: Vollsonnig, im Sommer draußen.
Verwendung: Einzeln in Töpfen als Zimmerpflanze, Fensterbrett, Sukkulentensammlung. Ab Herbst frostfrei, aber kühl und trocken überwintern. Kalthauspflanze.
Vermehrung: Aussaat im Vorfrühling, Abtrennen von Seitensprossen.
Kultur: In durchlässigem, sandigem Substrat.

Alpinia zerumbet

Alpinie, Galgant
Zingiberaceae, Ingwergewächse

Heimat: Ostasien. Tropisch.
Wuchsform: Rhizombildende, aufrecht übergeneigt wachsende Staude.
Blatt: 2-zeilig, elliptisch, immergrün, dunkelgrün, 60 cm lang, 12 cm breit.
Blüte: Disymmetrisch, muschelförmig, 4 cm, weiß mit gelb und rot, in 30 cm langen, endständigen Rispen.
Frucht: Kapsel.
Standort: Halbschattig, warm.
Verwendung: Blumenfenster, Wintergärten, Warmhauspflanze.
Vermehrung: Teilung der knolligen Rhizome im Frühling.
Kultur: In Einheitserde, dauernd feucht halten.
Hinweise: Aromatischer Duft. Bildet Dickichte.

| H: 1, Bl: 0,6–0,8 | VII–I | Warmhaus | H: 1–1,2, Bl: 0,7–0,9 | V–VI | Kalthaus |

Ananas comosus

Ananas
Bromeliaceae, Bromeliengewächse

Heimat: Brasilien. Tropisch.
Wuchsform: Krautige, mehrjährige, leicht sukkulente Rosettenpflanze.
Blatt: Schraubig, linealisch, gezähnt ohne Stachelspitzen, grau, 80–150 cm lang.
Blüte: Blüten im Fruchtfleisch versteckt, Blütenschaft mit großem Blütenkolben, endet mit einem Blattschopf.
Frucht: Beere, essbar.
Standort: Hell. aber nicht sonnig, für große Wintergärten, Warmhauspflanze.
Verwendung: Zimmerpflanze. In Hydro-Gefäßen.
Vermehrung: Kindel abnehmen, Blattschopf der Frucht abschneiden, im Wasserglas bewurzeln lassen.
Kultur: In TKS oder Einheitserde bei 18 °C, pH 5, im Sommer kräftig düngen.
Sorte: 'Variegatus', gelb gestreifte Blätter (Bild).

Anigozanthos flavidus

Kängurublume
Haemodoraceae, Haemodoragewächse

Heimat: Westaustralien. Subtropisch.
Wuchsform: Grundständige Rosette mit aufrechten Blütenständen, horstiger Wuchs.
Blatt: Wechselständig, lanzettlich, immergrün, 70–90 cm lang.
Blüte: Grüngelb mit roter Spitze, 3–4 cm lang, 3-zählig, klauenförmig mit kurzen Härchen bedeckt. Eigenartige Blütenform.
Frucht: Kapsel.
Standort: Hell und sonnig, im Sommer auch im Freien. Im Herbst einräumen.
Verwendung: Pflegeleichte Kübelpflanze.
Vermehrung: Aussaat ganzjährig oder Teilung.
Kultur: Nach der Keimung in Töpfe pikieren, später umtopfen, sandige Erde. Benötigt geringe Düngergaben.
Sorte: 'Bush Noon', hellrosa.

H: 0,4–1 | II–VII | Warmhaus

H: 0,4–0,7
Bl: 0,3–0,6 | I–V | Warmhaus

Anthurium andraeanum

Große Flamingoblume
Araceae, Aronstabgewächse

Heimat: Kolumbien. Tropisch.
Wuchsform: Horst bildende Pflanze.
Blatt: Grundständig, länglich-herzförmig, lang gestielt, immergrün, 30–40 cm.
Blüte: Weißgelber, gerader Kolben mit auffälliger, bis 20 cm großer Spatha (Hochblatt), rot, rosa, weiß. Oft auch ganzjährig.
Frucht: Kolben mit fleischigen Beeren.
Standort: Helle, aber nicht besonnte, feuchtwarme Plätze, Zimmerpflanze.
Verwendung: Wichtige Schnittblume, Topfsorten auch für den Wintergarten. Im Winter kühler und trockener halten. Nicht winterhart.
Vermehrung: Frischen Samen sofort aussaen, nicht bedecken. Teilung.
Kultur: In TKS oder Einheitserde bei hoher Luft- und Bodenfeuchtigkeit.
Sorte: 'Guatemala', gedrungener Wuchs.

Anthurium scherzerianum

Kleine Flamingoblume
Araceae, Aronstabgewächse

Heimat: Guatemala, Costa Rica. Tropisch.
Wuchsform: Horst bildende Pflanze.
Blatt: Grundständig, länglich-herzförmig, lang gestielt, immergrün, 15–20 cm.
Blüte: Rötlicher, spiraliger Kolben mit auffälliger Spatha, rot, rosa, weiß.
Frucht: Kolben mit roten Beeren.
Standort: Helle, aber nicht besonnte, feuchtwarme Plätze.
Verwendung: Wichtige Topfpflanze für das Zimmer, auch für den Wintergarten. Im Winter kuhler und trockener halten.
Vermehrung: Frischen Samen sofort aussäen, nicht bedecken. Teilung.
Kultur: In TKS oder Einheitserde bei hoher Luft- und Bodenfeuchtigkeit.

H: 0,5 Bl: 0,4 | VI–X | Warmhaus

H: 2–6 m | – | Kalthaus

Aphelandra squarrosa

Glanzkölbchen
Acanthaceae, Akanthusgewächse

Heimat: Südost-Brasilien. Tropisch.
Wuchsform: Aufrechte Staude.
Blatt: Kreuzweise gegenständig, eiförmig, dunkelgrün mit weißen Adern, bis 30 cm lang.
Blüte: Gelb, erscheinen aus gelben Deckblättern, Blütenstand unverzweigt.
Frucht: Kapsel.
Standort: Hell, aber nicht sonnig.
Verwendung: Dekorative Warmhauspflanze, Fensterbrett. Überwinterung bei 15 °C.
Vermehrung: Grünstecklinge von Frühling bis Sommer, Bodenwärme bei 25 °C.
Kultur: Torfreiche Erdsubstrate, gleichmäßig gießen und düngen.
Sorten: 'Fritz Prinsler', 'Dania', gedrungener Wuchs.
Hinweise: Starker Rückschnitt im Frühjahr. Auf Blattläuse, Schildläuse und Wurzelfäule achten.

Araucaria heterophylla

Norfolktanne, Zimmertanne
Araucariaceae, Araukariengewächse

Heimat: Norfolk-Inseln (zwischen Australien und Neuguinea). Subtropisch, oft in mediterranen Gärten verbreitet.
Wuchsform: Straff aufrecht mit quirlartig abstehenden Zweigen in Etagen. In der Heimat 30–60 m hoch wachsend.
Blatt: Spiralig, nadelförmig, dunkelgrün, 1–1,5 cm lang.
Blüte: Unscheinbar, zweihäusig.
Frucht: Zapfen 7–12 cm.
Standort: Hell, aber nicht sonnig, kühle Zimmer.
Verwendung: Kalthauspflanze für den Wintergarten, benötigt viel Platz.
Vermehrung: Kopfstecklinge mit einer Etage, pudern mit Wurzelfix erforderlich.
Kultur: In humosem Substrat mit Sandzusatz.
Hinweise: Leidet bei warmer und trockener Zimmerluft (Zentralheizung).

H: 6–12 | III–IV | Kalthaus

H: 0,6–1,2 | VI–IX | Kalthaus

Arbutus andrachne

Östlicher Erdbeerbaum
Ericaceae, Heidekrautgewächse

Heimat: Östliches Mittelmeergebiet. Mediterran.
Wuchsform: Mehrstämmiger Strauch mit rotbrauner Rinde.
Blatt: Wechselständig, elliptisch, dunkelgrün, unterseits heller, immergrün, 5–10 cm lang.
Blüte: Weiße Glöckchen, 8–10 mm groß, in endständigen Rispen.
Frucht: Beere, gelb bis orangerot, essbar, 1 cm groß, rund.
Standort: Volle Sonne, saure Böden.
Verwendung: Wintergärten, Kübelbepflanzung. Überwinterung im kühlen Wintergarten. In milden Gebieten winterhart. Kalthauspflanze.
Vermehrung: Stecklinge im Spätsommer, Aussaat im Frühling.
Kultur: In saurem Humussubstrat.
Besonderes: Früchte essbar, geschmacklos.

Ardisia crenata

Spitzblume, Ardisie
Myrsinaceae, Myrsinengewächse

Heimat: Japan bis Südasien. Subtropisch.
Wuchsform: Locker buschiger Strauch mit abstehenden Zweigen.
Blatt: Wechselständig, elliptisch, am Rand gekerbt, immergrün, 5–10 cm.
Blüte: Weiße Schalenblütchen bis 1 cm, 5-zählig, in Rispen.
Frucht: Rote Beeren bis 1 cm groß, rund, lange zierend.
Standort: Hell, aber Morgensonne günstig.
Verwendung: Für Wintergärten und Fensterbrett, lang haltbare Topfpflanze. Im Winter kühler als 18 °C. Nicht frosthart.
Vermehrung: Kopfstecklinge im Sommer oder Aussaat im Frühling.
Kultur: In mäßig saurer Humuserde, Einheitserde bei 18–20 °C, Erde gleichmäßig feucht halten, wöchentlich düngen.

 H: 0,06–0,08 VIII–IX Kalthaus

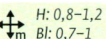 H: 0,8–1,2 Bl: 0,7–1 V–IX 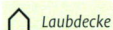 Laubdecke

Argyroderma delaetii
Silberhaut
Aizoaceae, Eiskrautgewächse

Heimat: Südafrika: Namaqualand. Subtropisch.
Wuchsform: Gedrungen, sukkulent.
Blatt: Gegenständig, eiförmig, immergrün, dickfleischig, von silberner Haut überzogen, 6–8 cm lang.
Blüte: Radiär, vielstrahlig, 4–5 cm breit, weiß, gelblich oder rosa.
Frucht: Kapsel mit 14–18 Fächern.
Standort: Vollsonnig, geschützt.
Verwendung: Sukkulentensammlung, Topfpflanze. Kalthauspflanze.
Vermehrung: Aussaat im Frühling.
Kultur: Lehmig-mineralisches Substrat (wächst in der Heimat in Quarzkiesfeldern), ohne Torf, dafür mit Perlite. Nässeempfindlich. Während des Wachstums im Sommer gießen, Ruhezeit von I–IV.
Hinweise: Langsam wachsend.

Asclepias curassavica
Indianer-Seidenpflanze
Asclepiadaceae, Seidenpflanzengewächse

Heimat: Südamerika. Tropisch.
Wuchsform: Buschiger Halbstrauch.
Blatt: Gegenständig, lanzettlich, 5–15 cm lang, dunkelgrün, immergrün.
Blüte: Radiär, 1,5 cm groß, orangefarben und gelb, in endständigen Trugdolden.
Frucht: Lange Balgfrucht mit flugfähigen Samen.
Standort: Vollsonnig, warm.
Verwendung: Kübel- und Beetpflanze, Schnittpflanze, Früchte für Trockensträuße. Bei Winterschutz (Laubabdeckung) im Freien ausdauernd.
Vermehrung: Aussaat II–IV unter Glas.
Kultur: Nach der Keimung pikieren, später entspitzen. Ab V ins Freie.
Sorte: 'Indianerin', rot mit gelb.
Hinweise: Stängelenden bluten nach dem Schnitt, daher in heißes Wasser tauchen.

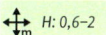 H: 0,6–2   VIII–X  Kalthaus   H: 2–6   VIII–X 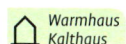 Warmhaus Kalthaus

Asparagus densiflorus

Zierspargel
Asparagaceae, Spargelgewächse

Heimat: Südafrika: Natal. Subtropisch.
Wuchsform: Aufrechter bis überhängender, leicht bedornter Spreizklimmer.
Blatt: Schraubig angeordnete, nadelfömige Scheinblättchen, grün, 1–3 cm lang.
Blüte: Radiär, 3-zählig, klein, weiß, duftend.
Frucht: Rote, kugelige Beere.
Standort: Hell bis sonnig. Dankbar für hohe Luftfeuchtigkeit.
Verwendung: Helle Badezimmer, Dielen, Wintergärten oder helles Kalthaus.
Vermehrung: Aussaat ab Februar im Warmhaus, Dunkelkeimer; Teilung möglich.
Kultur: Einheitserde, gleichmäßig gießen und düngen. Im Winter kühler und trockener halten.
Sorte: 'Sprengeri', wichtig als Schnittgrün; 'Myersii', dichte Wedel, aufrecht.

Asparagus falcatus

Sicheldorn-Zierspargel
Asparagaceae, Spargelgewächse

Heimat: Sri Lanka, tropisches Afrika. Subtropisch, tropisch.
Wuchsform: Aufrechter bis überhängender, leicht bedornter Spreizklimmer.
Blatt: Schraubig angeordnete, sichelförmige Phyllocladien, grün, 5–8 cm lang.
Blüte: Radiär, 3-zählig, klein, weiß, duftend.
Frucht: Braune, kugelige Beere.
Standort: Hell bis sonnig. Dankbar für hohe Luftfeuchtigkeit.
Verwendung: Helle Wintergärten, Warm- bis Kalthaus.
Vermehrung: Aussaat ab Februar im Warmhaus, Dunkelkeimer; Teilung möglich.
Kultur: Einheitserde, gleichmäßig gießen und düngen. Im Winter kühler und trockener halten.
Hinweise: Auf Blattläuse und Spinnmilben achten.

| H: 0,5 | VIII–X | Kalthaus | 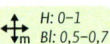 H: 0–1 Bl: 0,5–0,7 | II–IV | Kalthaus |

Asparagus setaceus

Federiger Zierspargel
Asparagaceae, Spargelgewächse

Heimat: Südafrika. Subtropisch, mediterran.
Wuchsform: Aufrechter bis überhängender, leicht bedornter Spreizklimmer. In der Heimat 1–6 m hoch wachsend.
Blatt: Wechselständig, feinnadelige Scheinblättchen, grün, 1 cm lang.
Blüte: Radiär, 3-zählig, klein, weiß, selten.
Frucht: Rote, kugelige Beere, selten.
Standort: Hell, aber absonnig, dankbar für hohe Luftfeuchtigkeit.
Verwendung: Helle Badezimmer, Dielen, Wintergärten, Kalthaus.
Vermehrung: Aussaat ab Februar im Warmhaus, Dunkelkeimer; Teilung möglich.
Kultur: Einheitserde P, gleichmäßig gießen und düngen.
Sorte: 'Plumosus', (Bild), gedrungen, wichtige Schnittgrünsorte.

Aspidistra elatior

Metzgerpalme, Schusterpalme
Convallariaceae, Maiglöckchengewächse

Heimat: China. Subtropisch.
Wuchsform: Horst bildende, aufrechte Staude mit kurzen Ausläufern.
Blatt: Grundständig, breit lanzettlich, gestielt, dunkel- und immergrün.
Blüte: Radiär, 1–2 cm groß, trübviolett, wenig über dem Boden sitzend.
Frucht: Kapsel.
Standort: Besonders anspruchslos, hell bis schattig, kühl.
Verwendung: Für schattigste Stellen im Haus verwendbar.
Vermehrung: Teilung.
Kultur: In lehmig-humoser Erde, alle 2–3 Jahre umtopfen.
Sorte: 'Variegata', weiß gestreifte Blätter.
Hinweise: Blüten werden von Bodentieren bestäubt.

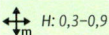 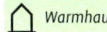   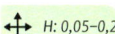 

Asplenium nidus

Nestfarn
Aspleniaceae, Streifenfarngewächse

Heimat: Afrika, Asien, Australien. Tropisch.
Wuchsform: Trichterförmige, teils ausladende Rosetten.
Blatt: Grundständig, lanzettlich in Rosetten, immergrün, 30–90 cm lang.
Frucht: Strichförmige Sori auf der Blattunterseite, beiderseits der Mittelrippe.
Standort: Halbschattig bis schattig, hohe Luftfeuchtigkeit wichtig.
Verwendung: Als Zimmerpflanze und in Wintergärten, auf Epiphytenstämmen.
Vermehrung: Sporenanzucht auf sterilisierten Torfsoden im Frühling.
Kultur: Einheitserde mit Sphagnum, Lauberde und Torfbrocken vermischt, pH 5, Substrat immer gut feucht halten. In den Blatttrichtern kann Wasser stehen bleiben.
Hinweise: Oft als Epiphyt auf alten Bäumen.

Astrophytum myriostigma

Bischofsmütze
Cactaceae, Kakteengewächse

Heimat: Nordostmexiko. Subtropisch.
Wuchsform: Kugelige, dornlose Sukkulente, mit 5 breiten, grau beflockten Rippen.
Blüte: Radiär, 5–6 cm, gelb, erscheint am Vegetationspunkt.
Frucht: Beere.
Standort: Vollsonnig, warm und trocken.
Verwendung: Im Einzelstand in Töpfen.
Vermehrung: Aussaat im Frühling schwierig, feine Samen nicht abdecken.
Kultur: Durchlässige Erde, Kakteenmischung.
Besonderes: Formen mit 3 und 4 Rippen sind begehrte Liebhaberstücke.
Hinweise: Braune, wollige Areolen, Blüten schließen sich abends, halten 1 Woche. Blätter völlig reduziert. Pflanze assimiliert mit dem Spross.

H: 2–2,5 | III–IV | Laubdecke

H: 4–8 | I–IV | Kalthaus

Aucuba japonica
Aukube
Aucubaceae, Hartriegelgewächse

Heimat: Ostasien. Gemäßigt.
Wuchsform: Mehrtriebiger Strauch.
Blatt: Gegenständig, elliptisch, immergrün, lederig grün, 8–20 cm lang.
Blüte: Zweihäusig, 3–4 mm, weibliche Blüten 4-zählig, purpur, unscheinbar.
Frucht: Steinfrucht, 1 cm, länglich, rot.
Standort: Sonnig bis halbschattig.
Verwendung: Als Kübelpflanze in Einzelstellung, für Innenhöfe, Terrassen. In milden Gebieten winterhart, verträgt bis zu -10 °C.
Vermehrung: Stecklinge im Sommer.
Kultur: Lehmig-humose Böden, alle paar Jahre umtopfen, öfters düngen.
Sorte: 'Crotonifolia', Blätter mit gelben Flecken.
Hinweise: In voller Sonne Blattschäden möglich, auf Schildläuse achten.

Bauhinia variegata
Bauhinie, Orchideenbaum
Caesalpiniaceae, Caesalpiniengewächse

Heimat: China, Indien. Subtropisch.
Wuchsform: Mehrstämmiger Kleinbaum.
Blatt: Wechselständig, eiförmig, 2-lappig, halbimmergrün, 8–10 cm lang.
Blüte: Zygomorph, 5–6 cm groß, rosa, auch weiß und gelb, in Büscheln.
Frucht: Hülse.
Standort: Sonnig und warm.
Verwendung: Einzelstellung im Kübel, in wärmeren Ländern oft als Straßenbaum. Nicht winterhart, daher im Herbst einräumen.
Vermehrung: Aussaat, Stecklinge im Sommer.
Kultur: Nahrhafte, humose Substrate wie Einheitserde, nicht austrocknen lassen.
Sorte: 'Candida', weiße Blüten.
Hinweise: Bei Trockenheit und Wind können die Blätter abgeworfen werden. Wegen der Blütenform als Orchideenbaum bezeichnet.

| H: 1–3 | VIII–IX |  Kalthaus | H: 0,5 | XI–III | 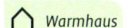 Warmhaus |

Beaucarnea recurvata

Flaschenbaum, Elefantenfuß
Dracaenaceae, Drachenbaumgewächse

Heimat: Mexiko. Subtropisch, tropisch.
Wuchsform: Aufrechter, kleiner Schopfbaum mit keulenförmig verdickter Stammbasis. Im Freien bis 9 m hoch wachsend.
Blatt: Schraubig-schopfartig angeordnet, lanzettlich, grün, überhängend, 1–2 m lang, 2 cm breit.
Blüte: Glockenförmig, weiß, in endständigen Rispen über dem Laub, selten.
Frucht: Kapsel.
Standort: Volle Sonne, wärmeliebend.
Verwendung: Einzelstand im Gefäß im Blumenfenster, Wintergarten, sommers auf der Terrasse. Nicht frosthart, daher im Winter ins Kalthaus räumen.
Vermehrung: Aussaat ganzjährig möglich.
Kultur: Durchlässige Substrate oder Kakteenerde.

Begonia bowerae

Bewimperte Begonie, Schiefblatt
Begoniaceae, Schiefblattgewächse

Heimat: Südmexiko. Subtropisch, tropisch.
Wuchsform: Breit buschige Staude.
Blatt: Wechselständig, rundlich mit schiefer Spitze, grünbraun gefleckt, gestielt, Randwimpern, 6–8 cm groß.
Blüte: Zygomorph, 1 cm, weiß-rosa, in Blütentrauben über dem Laub.
Frucht: Geflügelte Kapsel mit feinen Samen.
Standort: Halbschattig und warm, für hohe Luftfeuchtigkeit dankbar.
Verwendung: Blumenfenster, Ampeln, Fensterbrett.
Vermehrung: Trieb- und Blattstecklinge.
Kultur: In humosen Substraten, diese nicht austrocknen lassen. 18–22 °C. Staunässe vermeiden.
Sorte: 'Tiger', braungrün mit hellen Randflecken.
Hinweise: Blätter rollen sich bei Trockenheit und hoher Temperatur ein.

H: 1 | I–XII | temp. Haus Warmhaus | H: 0,2–0,4 | I–XII | -

Begonia × corallina

Strauch-Begonie, Schiefblatt
Begoniaceae, Schiefblattgewächse

Heimat: Eltern *Begonia coccinea × B. teuscheri* stammen aus Brasilien. Subtropisch, tropisch.
Wuchsform: Breit buschiger Halbstrauch.
Blatt: Wechselständig, breit lanzettlich mit schiefer Spitze, dunkelgrün mit weißen Punkten, 10–30 cm lang.
Blüte: Zygomorph, 1–2 cm, dunkelrosa, in Blütentrauben über dem Laub.
Frucht: Geflügelte Kapsel mit feinen Samen.
Standort: Halbschattig und warm, für hohe Luftfeuchtigkeit dankbar.
Verwendung: Zimmerpflanze, Blumenfenster, Wintergärten.
Vermehrung: Trieb- und Blattstecklinge.
Kultur: In humosen Substraten, diese nicht austrocknen lassen. Staunässe vermeiden. 18–22 °C.
Sorte: 'Lucerna', dunkelgrün mit weißen Flecken, hängend.

Begonia-Elatior-Gruppe

Elatior-Begonie, Blütenbegonie
Begoniaceae, Schiefblattgewächse

Heimat: Züchtung, durch viele Kreuzungen entstanden. Subtropisch, tropisch.
Wuchsform: Breit buschige Staude.
Blatt: Wechselständig, rundlich, gestielt, mit schiefer Spitze, 6–8 cm groß.
Blüte: Zygomorph, 2–5 cm, in Blütentrauben über dem Laub. In allen Farbtönen, einfach und gefüllt. Überreiche Blüte.
Frucht: Geflügelte Kapsel mit feinen Samen.
Standort: Halbschattig und warm, für hohe Luftfeuchtigkeit dankbar.
Verwendung: Zimmerpflanze, Blumenfenster, Schalen, Fensterbrett.
Vermehrung: Trieb- und Blattstecklinge.
Kultur: In humosen Substraten, diese nicht austrocknen lassen. Staunässe vermeiden. 18–22 °C.
Sorten: 'Nixe', karminrot gefüllt; 'Riegers Schwabenland', rot (Bild).

| 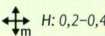 H: 0,2–0,4 | IV–IX | 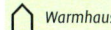 Warmhaus | H: 0,6 Bl: 0,5 | VI–VIII | 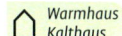 Warmhaus Kalthaus |

Begonia-Rex-Cultorum-Gruppe

Königs-Begonie
Begoniaceae, Schiefblattgewächse

Heimat: Züchtung. Subtropisch, tropisch.
Wuchsform: Breit buschige Staude.
Blatt: Wechselständig, herzförmig zugespitzt, gestielt, mehrfarbig gefleckt oder gebändert; viele Rottöne, über 20 cm groß.
Blüte: Zygomorph, 1 cm, rosa, unauffällig, werden selten gebildet.
Frucht: Geflügelte Kapsel mit feinen Samen.
Standort: Halbschattig und warm, für hohe Luftfeuchtigkeit dankbar.
Verwendung: Zimmerpflanze, Blumenfenster, Ampeln, Schalen, Fensterbrett.
Vermehrung: Trieb- und Blattstecklinge, auch Blattteilstecklinge möglich.
Kultur: In humosen Substraten, diese nicht austrocknen lassen. Staunässe vermeiden. 18–22 °C.

Billbergia nutans

Zimmerhafer
Bromeliaceae, Bromeliengewächse

Heimat: Argentinien, Brasilien, Paraguay. Tropisch.
Wuchsform: Trichterförmige Rosette, Blüte überhängend.
Blatt: Schraubig gestellt, linealisch, am Rand gezähnt, grün, bis 50 cm lang.
Blüte: Röhrig, 4–5 cm lang, rosa-grün-blau, in langer Ähre über der Rosette.
Frucht: Beere, bildet sich bei uns nur bei künstlicher Bestäubung.
Standort: Hell bis halbschattig, warm, im Winter kühler halten.
Verwendung: Einzeln in Töpfen, für Zimmer und Wintergärten, Epiphytenstämme.
Vermehrung: Einfach durch Abtrennen der Seitensprosse (Kindel).
Kultur: Humose Erde, pH 5, Einheitserde. Abgeblühtes entfernen.

H: 0,8–1 | - | Warmhaus

Blechnum gibbum
Rippenfarn
Blechnaceae, Rippenfarngewächse

Heimat: Neukaledonien, Vanuatu. Tropisch.
Wuchsform: Trichterförmige Rosette, stammbildend.
Blatt: Schraubig gestellte Rosettenblätter, unpaarig gefiedert, immergrün, glänzend, bis 70 cm lang.
Frucht: Sporen auf der Unterseite der Wedel, unscheinbar.
Standort: Hell bis halbschattig, im Sommer bis 25 °C.
Verwendung: Einzeln im warmen Wintergarten, Zimmer und Blumenfenster. Im Winter hell und kühl stellen (12–18 °C).
Vermehrung: Sporen, Aussaat im Frühling.
Kultur: Torfsubstrat mit Lauberde mischen, pH 5, gleichmäßig feucht halten. Mäßig düngen im Sommerhalbjahr

H: 4–5 | IV–VI | Kalthaus

Bougainvillea glabra
Kahle Drillingsblume, Bougainvillee
Nyctaginaceae, Wunderblumengewächse

Heimat: Brasilien. Tropisch, subtropisch.
Wuchsform: Stark wachsender, bedornter Spreizklimmer.
Blatt: Wechselständig, elliptisch, glänzend, kahl, immergrün, 5–13 cm lang.
Blüte: Röhrenförmig, 1 cm, jeweils zu dritt, weiß. Hochblätter in rosa, rot, lachs oder weiß, wirken ganzjährig.
Frucht: Schließfrucht, länglich.
Standort: Warm und sonnig.
Verwendung: Kübelpflanze für den Wintergarten, im Sommer auf die Terrasse.
Vermehrung: Stecklinge im Frühling, Wurzelfix verwenden, 25 °C Bodentemperatur.
Kultur: In sandig-humosem Substrat, benötigt viel Wasser und Nährstoffe.
Sorten: 'California Gold', gelb; 'Marie', rot; 'Sensation', orangefarben.

H: 4–9 | IV–VI | Kalthaus   H: 10–15 | V–VII | Kalthaus

Bougainvillea spectabilis

Drillingsblume, Bougainvillee
Nyctaginaceae, Wunderblumengewächse

Heimat: Brasilien. Tropisch, subtropisch.
Wuchsform: Sehr stark wachsender, bedornter Spreizklimmer.
Blatt: Wechselständig, elliptisch, glänzend, behaart, immergrün, 5–11 cm lang.
Blüte: Röhrenförmig, 1 cm, jeweils zu dritt, weiß. Hochblätter in rosa, rot, lachs oder weiß, wirken ganzjährig.
Frucht: Schließfrucht, länglich.
Standort: Warm und sonnig.
Verwendung: Kübelpflanze für den Wintergarten, im Sommer auf die Terrasse. Nicht winterhart.
Vermehrung: Stecklinge im Frühling, Wurzelfix verwenden, 25 °C Bodentemperatur.
Kultur: In sandig-humosem Substrat, benötigt viel Wasser und Nährstoffe.
Sorten: 'Alba', weiß; 'Don Mario', dunkelrot.

Brachychiton rupestris

Flaschenbaum
Sterculiaceae, Stinkbaumgewächse

Heimat: Australien: Queensland. Mediterran, subtropisch.
Wuchsform: Kegelförmiger Baum mit flaschenförmigem Stamm.
Blatt: Wechselständig, handförmig, 3- bis 7-lappig, glänzend, halbimmergrün, sehr variabel.
Blüte: Radiär, glockig, 1–1,5 cm, hellgelb, in Rispen angeordnet.
Frucht: Balgfrucht.
Standort: Sonnig und warm.
Verwendung: Einzeln in größeren Gefäßen, Wintergärten, Bonsaipflanze. Nicht winterhart. Im Winter ins Kalthaus.
Vermehrung: Aussaat.
Kultur: Einheitserde, mit Lehm und Sand vermischt, im Winter ins Kalthaus.
Hinweise: Wasserspeicherung im Stamm, daher wenig gießen.

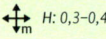 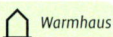 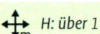 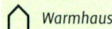

H: 0,3–0,4 | I–XII | Warmhaus | H: über 1 | I–VI | Warmhaus

Browallia speciosa
Browallie, Veilchenbusch
Solanaceae, Nachtschattengewächse

Heimat: Kolumbien, Peru. Tropisch.
Wuchsform: Mehrtriebig buschige, krautige Pflanze.
Blatt: Wechselständig, breit lanzettlich, immergrün, 6–8 cm.
Blüte: Radiär, 5-teilige Schalenblüte, 3–4 cm, lila mit weißem Schlund, in großer Zahl.
Frucht: Beere.
Standort: Hell, aber nicht vollsonnig, warm.
Verwendung: Fensterbrett, reich- und langblühende Zimmerpflanze.
Vermehrung: Aussaat ganzjährig im Kalthaus; Stecklinge im Sommer schneiden.
Kultur: In Einheitserde, gleichmäßig feucht halten, bei 25 °C, im Winter kühler.
Sorte: 'Luna Mittelblau', blau; 'Luna Weiß', weiß.
Hinweise: Auf Pilzkrankheiten achten, mäßige Düngung. Überwinterung lohnt nicht.

Brunfelsia pauciflora var. calycina
Brunfelsie
Solanaceae, Nachtschattengewächse

Heimat: Brasilien. Tropisch.
Wuchsform: Breit aufrechter Kleinstrauch. In der Heimat 1,5–3 m hoch wachsend.
Blatt: Wechselständig, elliptisch, immergrün, unterseits hellgrün, 8–10 cm lang.
Blüte: Radiär, tellerförmig, 4–5 cm breit, 5-zählig, violett, in Trugdolden.
Frucht: Kapsel.
Standort: Hell, aber absonnig, 20–22 °C ideal.
Verwendung: Blumenfenster, Wintergarten.
Vermehrung: Kopfstecklinge im Sommer.
Kultur: In Einheitserde, Substrat nicht austrocknen lassen, alle 14 Tage düngen, Staunässe unbedingt vermeiden, Rückschnitt nach der Blüte.
Hinweise: Blütenbildung fördern durch Ruhezeit ab X/XI für 8 Wochen bei 9–14 °C.

H: 0,3–0,9 | II | Kalthaus

H: 0,15–0,35 | II–III | Kalthaus

Bryophyllum daigremontianum
Brutblatt
Crassulaceae, Dickblattgewächse

Heimat: Madagaskar. Tropisch, subtropisch.
Wuchsform: Aufrechter, sukkulenter Halbstrauch.
Blatt: Gegenständig, dreieckig, gekerbt, dickfleischig, immergrün, dunkel- bis graugrün mit purpurnen Flecken, 10–20 cm lang.
Blüte: Radiär, Röhrenblüte, 2–5 cm, 5-zählig, in endständigen Trugdolden, purpur.
Frucht: Kapsel.
Standort: Vollsonnig, trocken und warm.
Verwendung: Zimmerpflanze.
Vermehrung: Tochterpflänzchen abnehmen, bewurzeln lassen bei 20–25 °C in sandigem Substrat.
Kultur: Kakteenerde, ganzjährig gießen.
Ähnliche Art: *B. tubiflorum* (Bild), zierlicher, Brutpflänzchen am Blattende.

Bryophyllum manginii
Brutblatt
Crassulaceae, Dickblattgewächse

Heimat: Südmadagaskar. Tropisch, subtropisch.
Wuchsform: Breit gedrungener, später hängender, sukkulenter Halbstrauch.
Blatt: Gegenständig, eiförmig, am Rand gekerbt, dickfleischig, immergrün, dunkelgrün, 2–5 cm.
Blüte: Radiär, Röhrenblüte, 3–4 cm, 5-zählig, hängende Trugdolden rosarot mit gelbem Rand.
Frucht: Kapsel.
Standort: Vollsonnig, trocken und warm.
Verwendung: Zimmer- und Ampelpflanze. Frostfrei überwintern.
Vermehrung: Kopfstecklinge bei 20–25 °C in sandigem Substrat bewurzeln lassen.
Kultur: Kakteenerde oder ähnliches, durchlässiges Substrat, ganzjährig sparsam gießen. Ruhezeit von I–V einhalten.
Hinweise: Auf Läuse und Echten Mehltau achten.

H: 0,5–1,2 III–IV Warmhaus   H: 0,2–0,5 I–II Warmhaus

Caladium bicolor
Buntwurz, Buntblatt, Kaladie
Araceae, Aronstabgewächse

Heimat: Ekuador. Tropisch.
Wuchsform: Horstartig wachsende Staude mit knolligen Wurzeln.
Blatt: Grundständig, pfeilförmig, lang gestielt, 20–30 cm lang, über 10 cm breit, in vielen Farbtönen von grün, weiß, rosa bis rot.
Blüte: Winzige Blüten auf Kolben, wenig auffälliges Hochblatt (Spatha) weiß, selten.
Frucht: Beere.
Standort: Sehr hell, aber nur Morgen- oder Abendsonne günstig, Warmhaus.
Verwendung: Wintergärten und Gewächshäuser. Nur in Warmhäusern mit hoher Luftfeuchtigkeit (70 % LF).
Vermehrung: Knollen bei 15 °C trocken aufbewahren. Knollenteilung von II–III, bei 20 °C und hoher Luftfeuchtigkeit antreiben.
Kultur: Einheitserde oder TKS, Ruhezeit IX–II.

Calathea makoyana
Korbmaranthe
Marantaceae, Pfeilwurzgewächse

Heimat: Südbrasilien. Tropisch.
Wuchsform: Niedrige, breit buschige Staude mit Rhizomen.
Blatt: 2-zeilig, eiförmig, oliv-rosa mit grüner Musterung, 15–20 cm lang.
Blüte: Zygomorph, 2 cm, goldgelb, in aufrechten Ähren, selten.
Frucht: Kapsel.
Standort: Schattig, hohe Luftfeuchtigkeit, Warmhauspflanze, 22–30 °C! Hohe Bodentemperaturen günstig.
Verwendung: Gewächshaus, Wintergarten.
Vermehrung: Teilung der Rhizome im Frühling beim Umpflanzen.
Kultur: In Einheitserde, gleichmäßig feucht halten, alle 2 Wochen düngen.
Hinweise: Auf Spinnmilben und Schildläuse achten.

H: 0,25–0,4 IV–VI –

H: 2–4 II–X Kalthaus

Calceolaria-Herbeohybrida-Gruppe

Pantoffelblume
Scrophulariaceae, Braunwurzgewächse

Heimat: Züchtung. Subtropisch, gemäßigt.
Wuchsform: Aufrecht, horstig. Einjährig.
Blatt: Gegenständig, eiförmig, Rand gekerbt, 6–8 cm lang.
Blüte: Zygomorph, Unterlippe pantoffelförmig, 3–5 cm, vorwiegend gelb bis braunrot, getupft.
Frucht: Kapsel.
Standort: Hell bis sonnig.
Verwendung: Reich blühende Topfpflanze fürs Fensterbrett, kurzlebig.
Vermehrung: Aussaat im Juli und August im Kalthaus in TKS 1, Lichtkeimer.
Kultur: In Einheitserde, wenig düngen, weil salzempfindlich, Erde nicht austrocknen lassen, aber auch Staunässe vermeiden. Im Winter 8–10 °C.
Sorten: 'Konfetti'; 'Bunter Bikini'.

Calliandra tweedii

Quastenstrauch
Mimosaceae, Mimosengewächse

Heimat: Brasilien. Tropisch, subtropisch.
Wuchsform: Breitkroniger, oft mehrstämmiger Strauch.
Blatt: Wechselständig, linealisch, doppelt paarig gefiedert, behaart, immergrün, Einzelblättchen 0,6–0,8 cm lang.
Blüte: Kleine Einzelblütchen, dichte Blütenköpfe kugelig, mit 5 cm langen, roten Staubblättern.
Frucht: Hülse, lang und flach.
Standort: Sonnig, geschützt, im Winter im Kalthaus hell und kühl. Nicht winterhart.
Verwendung: Wintergarten, sommers auch im Freien, Terrasse.
Vermehrung: Aussaat; Kopfstecklinge unter Glas bei 20–25 °C.
Kultur: Einheitserde mit Sandzusatz, mäßig feucht halten.
Hinweise: Rückschnitt im Frühling erforderlich.

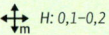 H: 0,1–0,2   I–XII   Wintergarten

 H: 2–5   V–IX   Kalthaus

Callisia gentlei var. elegans

Callisie, Schönpolster
Commelinaceae, Commelinengewächse

Heimat: Nordmexiko. Subtropisch, tropisch.
Wuchsform: Kriechend, niederliegend oder hängend, krautig mit langen Trieben.
Blatt: Wechselständig, lanzettlich, 3–8 cm lang, gelb-grün gestreift, immergrün.
Blüte: Radiär, 1 cm, 3-zählig, weiß, unscheinbar.
Frucht: Kapsel.
Standort: Hell bis halbschattig, warm.
Verwendung: Anspruchsloser Bodendecker und Ampelpflanze für Wintergärten.
Vermehrung: Trieb- und Kopfstecklinge ganzjährig.
Kultur: In Einheitserde, laufend gießen und mäßig düngen.
Hinweise: Auf Blasenfuß (Thrips) und Rote Spinne achten.

Callistemon citrinus

Zylinderputzer
Myrtaceae, Myrtengewächse

Heimat: Südost-Australien. Subtropisch.
Wuchsform: Mehrstämmiger, aufrechter Strauch mit bogig überhängenden Trieben.
Blatt: Wechselständig, linealisch lanzettlich, immergrün, 3–7 cm lang.
Blüte: Radiär, klein, rot, lange Staubblätter, in bis 15 cm langer Ähre mit fortwachsendem Spross.
Frucht: Kapsel.
Standort: Sonnig, windgeschützt, kühl überwintern.
Verwendung: Wintergarten, im Sommer auf der Terrasse, im Winter im Kalthaus.
Vermehrung: Aussaat im Winter, Stecklinge im Sommer.
Kultur: Kalkfreie Erdmischung, humose Erde mit Sandzusatz. Mit Regenwasser regelmäßig gießen, im Winter weniger (Ruhezeit), alle 2 Wochen düngen. Verträgt keine Staunässe.

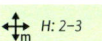 H: 2–3   XII–IV 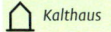 Kalthaus   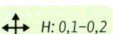 H: 0,1–0,2   VII–VIII  Kalthaus

Camellia japonica

Kamelie
Theaceae, Teegewächse

Heimat: Ostasien: Japan, Korea, Taiwan. Subtropisch.
Wuchsform: Breit buschiger, mehrstämmiger, aufrechter Strauch.
Blatt: Wechselständig, elliptisch, immergrün, lederig, glänzend, dunkelgrün, unterseits heller, 5–8 cm lang.
Blüte: Radiär, 4–8 cm, auch gefüllt, weiß, rosa, rot, auch mehrfarbig, end- und achselständig.
Frucht: Kapsel.
Standort: Hell bis halbschattig, luftig, kühl.
Verwendung: Schöne Zimmer- und Kübelpflanze, Kalthausgewächs
Vermehrung: Sommerstecklinge oder Risslinge mit Ansatz vom alten Holz, bei 25 °C Bodentemperatur in Torf-Sandgemisch stecken.
Kultur: Saure Humuserde, pH 4,5–5,5, kalkfrei. Moorerde mit Quarzsandzusatz, Regenwasser.

Campanula isophylla

Stern-Glockenblume
Campanulaceae, Glockenblumengewächse

Heimat: Norditalien: Ligurische Alpen. Montan, mediterran.
Wuchsform: Niedrig, liegend überhängend, krautig mit langen Trieben.
Blatt: Wechselständig, herzförmig, 3–3,5 cm.
Blüte: Radiär, sternblütig, 3–4 cm groß, blauviolett, in den Blattachseln.
Frucht: Kapsel.
Standort: Hell, sonnig, leidet aber unter Mittagssonne, mäßig warm.
Verwendung: Ampeln, Fensterbrett, reich blühende Topfpflanze. Im Winter kühl und fast trocken halten.
Vermehrung: Aussaat von I–III im Kalthaus, Kopfstecklinge vor der Blüte.
Kultur: Einheitserde, kühl und luftig, mäßig feucht halten, gelegentlich stutzen.
Sorte: 'Alba', weiß; 'Mayi', hellblau.

H: 0,5–0,6
Bl: 0,3–0,4 • VI–VIII • Warmhaus

H: 0,3–0,45 • VI–IX • temperiertes Haus

Canistropsis billbergioides

Nestrosette
Bromeliaceae, Bromeliengewächse

Heimat: Brasilien. Tropisch.
Wuchsform: Trichter bildende Rosette.
Blatt: Schraubig, breit lanzettlich, 20–30 cm lang, 3–4 cm breit, hellgrün.
Blüte: Radiär, röhrig, 1–2 cm, weiß, von grün-orangefarbenen Hochblättern umgeben.
Frucht: Beere.
Standort: Hell, aber nicht sonnig.
Verwendung: In geschlossenen Blumenfenstern, auf Epiphytenstämmen. Warmhauspflanze.
Vermehrung: Durch Seitensprosse (Kindel), diese werden abgetrennt und eingetopft.
Kultur: In Nadelerde-Torf-Sandgemisch, stets feucht halten (Wasser kalkfrei!). Liebt Wärme und hohe Luftfeuchtigkeit. Wenig düngen, in der Rosette soll immer Wasser stehen.
Hinweise: In der Heimat als Epiphyt anderen Pflanzen aufsitzend.

Capsicum annuum

Zierpaprika
Solanaceae, Nachtschattengewächse

Heimat: Mexiko. Tropisch.
Wuchsform: Aufrecht buschige, ein- bis mehrjährige Pflanze.
Blatt: Wechselständig, breit lanzettlich, hellgrün, 4–6 cm lang.
Blüte: Radiär, sternförmig, 1–1,5 cm, 5-zählig, weiß.
Frucht: Beere, länglich, von VIII–XII, erst grün, dann rot, essbar (scharf).
Standort: Hell und luftig.
Verwendung: Fensterbrett, Zimmer, im Winter kühler. Als Schnittpflanze haltbar.
Vermehrung: Aussaat I–III unter Glas.
Kultur: Keimlinge pikieren in Einheitserde, stets feucht halten.
Sorte: 'Feuerwerk', 0,15–0,2 m hoch, Früchte rot oder gelb, 2 cm lang.
Hinweise: Wird jährlich neu herangezogen.

| H: 0,2–0,3 | ✱ - | Warmhaus Kalthaus | H: 4–8 | ✱ I–XII | Warmhaus |

Carex brunnea

Segge
Cyperaceae, Riedgrasgewächse

Heimat: Südasien, Nordost-Australien. Tropisch.
Wuchsform: Aufrechtes Sauergras mit Ausläufern.
Blatt: Grundständig, linealisch, immergrün, elegant überhängend, 20–30 cm lang, 0,4 cm breit.
Blüte: Unscheinbahre Ähre mit braunen Einzelblütchen, selten zu sehen.
Frucht: Karyopse.
Standort: Sonnig bis absonnig, im Winter bei nur 8–10 °C.
Verwendung: Für den kühlen Wintergarten.
Vermehrung: Teilung im Frühling.
Kultur: Einheitserde, gleichmäßig feucht halten, alle 4 Wochen düngen. Bei gleichmäßiger Feuchtigkeit anspruchslos.
Sorte: 'Variegata', Laub gelb-grün längs gestreift, eher im Handel als die Art.

Caryota mitis

Fischschwanzpalme
Arecaceae, Betelpalmengewächse

Heimat: Südost-Asien. Tropisch.
Wuchsform: Stamm glatt, Schopf schirmförmig, locker überhängend.
Blatt: Schraubig, immergrün, fächerförmig, Wedel doppelt gefiedert, bis 3 m lang. Das keilförmige Fiederblatt hat Ähnlichkeit mit einer Fischflosse.
Blüte: In Ähren, klein, ganzjährig.
Frucht: Rot, Samen schwarz.
Standort: Hell, aber Schutz vor Mittagssonne, hohe Luftfeuchtigkeit.
Verwendung: Warmer Platz im Wintergarten oder Zimmer.
Vermehrung: Teilung im Frühling.
Kultur: In lehmhaltiger Humuserde, warm und feucht halten. Regelmäßig düngen, beim Umtopfen hohe Töpfe verwenden. Auf Schildläuse achten.

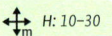 H: 10–30   I–II 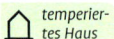 temperiertes Haus   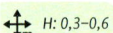 H: 0,3–0,6   IV–X 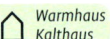 Warmhaus Kalthaus

Casuarina equisetifolia

Kasuarine, Kängurubaum
Casuarinaceae, Kasuarinengewächse

Heimat: Australien, Südost-Asien. Subtropisch, tropisch.
Wuchsform: Aufrechter, locker überhängender Baum.
Blatt: Quirlständig, immergrün, schuppenförmig, sehr fein.
Blüte: Unscheinbar, männliche Blüten in Ähren, weibliche in kleinen Zapfen.
Frucht: Braune Zäpfchen, 2 cm lang.
Standort: Vollsonnige, auch karge Böden.
Verwendung: Kübelpflanze für große Wintergärten.
Vermehrung: Aussaat.
Kultur: In lockerer Erde, bei der Anzucht stets feucht halten, später resistent gegen Trockenheit.
Besonderes: Wird in den Tropen für Windschutzhecken und als Pionierpflanze verwendet.

Catharanthus roseus

Madagaskarimmergrün
Apocynaceae, Hundsgiftgewächse

Heimat: Madagaskar. Subtropisch, tropisch.
Wuchsform: Aufrechte, dicht buschige, Horst bildende Art.
Blatt: Kreuzgegenständig, eiförmig, immergrün, glänzend, 5–8 cm lang.
Blüte: Radiär, schalenförmig, 5-teilig, 3–4 cm groß, hellrosa mit roter Mitte. Blütezeit in den Subtropen ganzjährig.
Frucht: Kapsel.
Standort: Hell, auch volle Sonne, warm.
Verwendung: Zimmer, Fensterbrett, Wintergarten, im Sommer auch im Freien. In kühlen, hellen Räumen überwintern.
Vermehrung: Aussaat ab Februar, Stecklinge im Frühling oder August schneiden.
Kultur: Einheitserde, wärmeliebend, 20–25 °C, im Winter kühler (mind. 12 °C).
Hinweise: Alle Pflanzenteile sind **sehr giftig!**

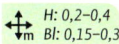 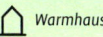   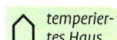

Cattleya trianae

Cattleya
Orchidaceae, Orchideengewächse

Heimat: Kolumbien. Tropisch.
Wuchsform: Locker aufrecht mit Haftwurzeln.
Blatt: Immergrün, linealisch, je 1 Blatt entwickelt sich aus einer Pseudobulbe.
Blüte: Zygomorph, 16–18 cm, weiß, große Unterlippe hellrot, 3-blütig.
Frucht: Kapsel mit vielen sehr feinen Samen.
Standort: Hell, aber nicht sonnig, bei hoher Luftfeuchtigkeit.
Verwendung: Geschlossenes Blumenfenster.
Vermehrung: Teilung.
Kultur: In einer Mischung aus Rindenstücken, Farnwurzeln und Sphagnum. In der Ruhezeit im Winter mehrere Wochen trocken halten, im Sommer ausreichend gießen mit kalkfreiem Wasser.
Hinweise: Schäden durch Thripse, Spinnmilben und Schildläuse möglich.

Cephalocereus senilis

Greisenhaupt
Cactaceae, Kakteengewächse

Heimat: Mexiko. Subtropisch.
Wuchsform: Aufrechte, unverzweigte Säulensukkulente mit langen, weißen Haaren. In der Heimat bis 15 m Höhe.
Blatt: Zu Dornen umgebildet. Reich bedornt.
Blüte: Radiär, trompetenförmig, bis 5 cm lang, rosa, in Kultur selten zu sehen (über 3 m Höhe).
Frucht: Rote Beere, selten, weil der Bestäuber fehlt (Fledermäuse).
Standort: Vollsonnig, warm.
Verwendung: Fensterbrett, größere Kakteensammlung im Gewächshaus, Profi-Glashaus.
Vermehrung: Aussaat im Frühling, langwierig.
Kultur: In mineralischer Kakteenerde, mäßig gießen und düngen. Im Winter nicht unter 15 °C halten. Wöchentlich fein mit Wasser einnebeln.
Hinweise: Blätter völlig reduziert. Pflanze assimiliert mit dem Spross.

H: 0,7–1　　VI–XI　　Laubdecke　　H: 1–2　　IV–V　　Kalthaus

Ceratostigma willmottianum

Bleiwurz, Hornnarbe
Plumbaginaceae, Bleiwurzgewächse

Heimat: China, Tibet. Submediterran.
Wuchsform: Ausläufer treibender Halbstrauch, der rundliche Dickichte bildet.
Blatt: Wechselständig, eiförmig, beidseitig behaart, graugrün, 4–5 cm lang. Im Herbst gelbe bis leuchtend rote Färbung.
Blüte: Radiär, 1–2 cm breit, 5-zählig, flach, leuchtend blau, Röhre rosarot.
Frucht: Nussfrucht.
Standort: Sonnig und warm, bis zu -10 °C hart.
Verwendung: Steingarten, Kübelpflanze für Terrasse und Balkon. Winterschutz aus Laubdecke geben. Besser im Kalthaus überwintern.
Vermehrung: Triebstecklinge im Frühling.
Kultur: Durchlässiges Substrat, Einheitserde mit Sand mischen.

Cereus repandus 'Monstrosus'

Felsenkaktus
Cactaceae, Kakteengewächse

Heimat: Züchtung, Ursprungsart aus Südbrasilien, Uruguay. Subtropisch.
Wuchsform: Unregelmäßige Säulenform, nur schwach bedornt. Die Art wird bis 4 m hoch.
Blatt: Umgebildet zu Dornen.
Blüte: Radiär, trichterförmig, bis 16 cm lang, äußerst selten.
Frucht: Beere wird selten ausgebildet.
Standort: Volle Sonne, warm.
Verwendung: Einzeln am Fensterbrett, in milden Gebieten auch im Freien. Vor dem ersten Frost einräumen. Überwinterung im Kalthaus.
Vermehrung: Stecklinge, Schnittfläche vor dem Stecken mehrere Tage trocknen lassen.
Kultur: In mineralischer Kakteenerde, selten gießen.

 H: 0,1   II–XII 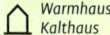 Warmhaus Kalthaus   H: 3–4   IV–IX 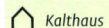 Kalthaus

Ceropegia linearis subsp. woodii

Leuchterpflanze
Asclepiadaceae, Seidenpflanzengewächse

Heimat: Kap, Simbabwe. Subtropisch.
Wuchsform: Kriechend, bis 1 m herabhängend, krautig, mit langen, dünnen, bewurzelnden Trieben, knollenbildend.
Blatt: Gegenständig, fleischig, herzförmig, weiße Nervatur, 0,5–1,5 cm breit.
Blüte: Bauchige Blütenröhre, 2–2,5 cm groß, fleischfarben mit schwarzem Kopf, leuchterartig, achselständig.
Frucht: Längliche Kapsel, selten.
Standort: Sonnig und warm bei 15–20 °C.
Verwendung: Ampelpflanze
Vermehrung: Knöllchen, ganzjährig möglich.
Kultur: Durchlässige Humuserde mit Sand gemischt, sparsam gießen. Verträgt keine Staunässe, Fäulnisgefahr der Knöllchen.

Cestrum elegans

Roter Hammerstrauch
Solanaceae, Nachtschattengewächse

Heimat: Mexiko. Tropisch, subtropisch.
Wuchsform: Aufrechter, überhängender Strauch.
Blatt: Wechselständig, elliptisch, immergrün, behaart, 7–12 cm lang.
Blüte: Radiär, röhrenförmig, 2–3 cm lang, leuchtend rot, in 10 cm langer Rispe.
Frucht: Rote Beere, 1,5 cm.
Standort: Vollsonnig, geschützt.
Verwendung: Kübelpflanze, für Wintergärten. Kalthauspflanze.
Vermehrung: Stecklinge im Frühling.
Kultur: In nährstoffreicher, lehmiger Erde, im Sommer oft gießen und düngen.
Hinweise: Wichtiger Dauerblüher. Auf Grauschimmel achten.

 H: 0,8–1   IV–V   Kalthaus   H: 0,8–1   IV–VI 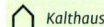 Kalthaus

Chamaedorea elegans
Bergpalme
Arecaceae, Betelpalmengewächse

Heimat: Guatemala, Mexiko. Tropisch.
Wuchsform: Stamm rohrartig mit schirmförmigem, locker überhängendem Schopf. In den Tropen bis 3 m hoch wachsend.
Blatt: Schraubig, lanzettlich, unpaarig gefiedert, immergrün.
Blüte: Zweihäusig, gelb, in lockerer Rispe, aber wenig auffällig.
Frucht: Beere, 0,5 cm, hellgelb, später schwarz.
Standort: Hell bis halbschattige Plätze im Zimmer, hohe Luftfeuchtigkeit.
Verwendung: Blumenfenster, helle Büros, Wintergarten. Überwinterung kühl.
Vermehrung: Aussaat im Frühling, Samen erst 2 Tage in Wasser quellen lassen.
Kultur: In Einheitserde, pH 5–6,5, Erde nicht völlig austrocknen lassen.
Hinweise: Auf Schildläuse achten.

Chamaerops humilis
Zwergpalme
Arecaceae, Betelpalmengewächse

Heimat: Westliches Mittelmeer. Mediterran.
Wuchsform: Mehrstämmige, buschige, niedrige Palmenart. In der Heimat bis 5 m hoch wachsend.
Blatt: Schraubig, handförmig gestielt, fiederspaltig, immergrün, bedornte Stiele, blaugrün.
Blüte: Auffällige, gelbe Rispe, 15–20 cm lang, endständig.
Frucht: Steinfrucht, 1–3 cm, orangefarben.
Standort: Helle bis halbschattige Plätze im Zimmer, hohe Luftfeuchtigkeit.
Verwendung: Blumenfenster, helle Büros, Wintergarten, im Sommer auch im Freien. Überwinterung frostfrei und kühl.
Vermehrung: Aussaat im Frühling, Abtrennen der Seitensprosse.
Kultur: In Einheitserde, pH 5–6,5, Erde nicht völlig austrocknen lassen.

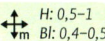 H: 0,5–1 Bl: 0,4–0,5   III–IV   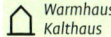 Warmhaus Kalthaus   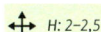 H: 2–2,5   IV–VI    Kalthaus

Chlorophytum comosum

Grünlilie
Anthericaceae, Grasliliengewächse

Heimat: Südafrika. Subtropisch, mediterran.
Wuchsform: Buschig, krautig, mit knollig-verdickten Wurzeln. Lang überhängende Blütentriebe mit Kindeln.
Blatt: Schraubig, linealisch, immergrün, 40 cm.
Blüte: Radiär, sternförmig, 1–2 cm groß, weiß, in Trauben.
Frucht: Kapsel.
Standort: Hell bis halbschattig, anspruchslos.
Verwendung: Ampelpflanze, auch für dunklere Zimmerecken, pflegeleicht.
Vermehrung: Abtrennen der Kindel, in Erde oder im Wasserglas bewurzeln lassen.
Kultur: Einheitserde, Substrat wenig gießen und düngen.
Sorte: 'Variegata', weiß-grün gestreift (Bild).
Besonderes: Pflanze kann schädliches Formaldehyd aus der Luft aufnehmen.

Choisya ternata

Orangenblume
Rutaceae, Rautengewächse

Heimat: Mexiko. Subtropisch.
Wuchsform: Buschiger, dichter, aufrechter Strauch.
Blatt: Gegenständig, lanzettlich, 3-zählig gefingert, immergrün, glänzend, 5–8 cm lang.
Blüte: Radiär, sternförmig, 2–3 cm breit, 5-zählig, weiß, in Trugdolden, duftend.
Frucht: Bei uns keine Früchte (Beeren) bildend.
Standort: Sonnig bis halbschattig.
Verwendung: Topf- und Kübelpflanze, in warmen Gebieten als Heckenpflanze. Kalthauspflanze.
Vermehrung: Stecklinge im Sommer.
Kultur: In kalkfreien Substraten, nährstoffreich, lehmig-humose Böden. Mit Regenwasser gießen.
Sorte: 'Sundance', gelbes Laub.
Hinweise: Auffälliger, aromatischer Duft.

 H: 2–3   -   Warmhaus   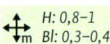 H: 0,8–1 Bl: 0,3–0,4   IX–X 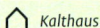 Kalthaus

Chrysalidocarpus lutescens

Goldfruchtpalme, Goldblattpalme
Arecaceae, Betelpalmengewächse

Heimat: Madagaskar. Tropisch.
Wuchsform: Mehrstämmig, aufrecht mit locker schirmförmigem Schopf. In der Heimat bis 10 m hoch wachsend.
Blatt: Schraubig, linealisch bis schwertförmig, gefiedert, immergrün.
Blüte: In der Kultur selten, einhäusig.
Frucht: Steinfrucht, lederig-faserig, violett.
Standort: Hell bis halbschattig, im Zimmer nicht unter 18 °C.
Verwendung: Blumenfenster, Wintergarten, Kübelpflanze, im Sommer auch im Freien.
Vermehrung: Abtrennen der Bodentriebe, Aussaat bei 25 °C Bodenwärme ganzjährig.
Kultur: In Einheitserde, Substrat und Luft gleichmäßig feucht halten. Häufig übersprühen.

Chrysanthemum indicum

Gärtner-Chrystanheme
Asteraceae, Asterngewächse

Heimat: China. Gemäßigt, mediterran.
Wuchsform: Aufrecht buschige Staude.
Blatt: Wechselständig, fiederteilig, 8–10 cm.
Blüte: Einzelblüten in Körbchen, 4–20 cm je nach Sorte, einfach oder gefüllt. Durch Verdunkeln zu jeder Jahreszeit Blüten möglich.
Frucht: Samen mit Pappus.
Standort: Hell, ab IX kühl bei 16 °C lange haltbar.
Verwendung: Topfpflanze, Schnittblume, Kranzbinderei. Nicht winterhart. Ab X trocken überwintern, Kalthauspflanze.
Vermehrung: Stecklinge (Spezialbetriebe), auch Teilung nach der Blüte.
Kultur: In durchlässigem, humosem Substrat.
Gruppen und Sorten: 'Multiflora', kugeliger Wuchs; Mikrosanthen: kleinblumig, viele Farben.
Hinweise: Schäden durch Pilzkrankheiten, Blattläuse und Minierfliegen möglich.

 H: 1–3 -  Kalthaus   H: 1–6 - 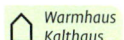 Warmhaus Kalthaus

Cissus antarctica

Känguruklimme, Russischer Wein
Vitaceae, Weinrebengewächse

Heimat: Australien. Subtropisch, tropisch.
Wuchsform: Kletternder Halbstrauch mit rostfarben behaarten Trieben.
Blatt: Wechselständig, immergrün, eiförmig, gezähnt, bis 12 cm lang, grün, Blattstiele behaart.
Blüte: Grünlich, klein, in Kultur selten zu sehen.
Frucht: Beere, selten in Kultur.
Standort: Hell bis halbschattig, ganzjährig im Zimmer bei 5–20 °C.
Verwendung: Ampelpflanze, Klettergerüste, Treppenhäuser, Kalthausgewächs.
Vermehrung: Stecklinge von Mai bis Juni, nach der Bewurzelung stutzen.
Kultur: Humose Erde nicht austrocknen lassen, alle 2 Wochen düngen.
Besonderes: Gut für Hydrokultur.
Hinweise: Auf Spinnmilben und Blattläuse achten.

Cissus rhombifolia

Rautenblättrige Klimme
Vitaceae, Weinrebengewächse

Heimat: Amerika. Subtropisch, tropisch.
Wuchsform: Kletternder Halbstrauch mit rostfarben behaarten Trieben.
Blatt: Wechselständig, rhombisch, gezähnt, 3-zählig, immergrün, Stiele und Blattunterseiten rötlich behaart, 3–10 cm lang.
Blüte: Grünlich, klein, in Kultur selten zu sehen.
Frucht: Beere, in Kultur selten zu sehen.
Standort: Hell bis halbschattig, ganzjährig im Zimmer bei 5–20 °C.
Verwendung: Ampelpflanze, Klettergerüste, Treppenhäuser. Nicht winterhart.
Vermehrung: Stecklinge von Mai bis Juni, nach der Bewurzelung stutzen.
Kultur: Humose Erde nicht austrocknen lassen, jede Woche düngen.
Sorte: 'Ellen Danica', stärker gezähnte Blätter, gedrungener Wuchs (Bild).

 H: 1–5   –   Warmhaus Kalthaus   H: 3–7   I–XII   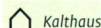 Kalthaus

Cissus striata

Gestreifte Klimme, Kleine Zimmerrebe
Vitaceae, Weinrebengewächse

Heimat: Chile, Südbrasilien. Subtropisch.
Wuchsform: Kletternder Halbstrauch.
Blatt: Wechselständig, eiförmig, 3- bis 5-zählig, lederig, immergrün, 3–8 cm lang.
Blüte: Grünlich, klein, in Kultur selten.
Frucht: Beere, in Kultur selten.
Standort: Hell bis halbschattig, ganzjährig im Zimmer bei 10–20 °C.
Verwendung: Ampelpflanze, Klettergerüste, Treppenhäuser, Kalthausgewächs. Nicht winterhart.
Vermehrung: Stecklinge von Mai bis Juni, nach der Bewurzelung stutzen.
Kultur: Humose Erde nicht austrocknen lassen, alle 2 Wochen düngen. Im Winter trockener und kühler halten.
Hinweise: Auf Spinnmilben und Blattläuse achten. (Bild: *Cissus henryana*).

Citrus limon

Zitrone, Limone
Rutaceae, Rautengewächse

Heimat: Nordmyanmar (Birma), Südchina. Subtropisch.
Wuchsform: Breitkroniger Kleinbaum mit lockerem, aufrechtem Wuchs, Triebe dornig.
Blatt: Wechselständig, eiförmig, immergrün, glänzend, 5–10 cm lang.
Blüte: Radiär, 1–2 cm, 4- bis 5-zählig, weiß, duftend.
Frucht: Beere, gelb, 7–10 cm lang, sehr saftig, sauer, fruchtet ganzjährig.
Standort: Hell bis sonnig, luftig.
Verwendung: Kübelpflanze für Orangerien, Wintergärten, sommers im Freien, im Winter im Kalthaus.
Vermehrung: Veredelung, meist auf *Poncirus trifoliata*, Bitterorange.
Kultur: In Einheitserde, niedriger pH-Wert, mit kalkarmem Wasser gießen.

 H: 0,8 (bis 2)   II–V 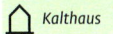 Kalthaus   H: 3–4   III–V 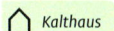 Kalthaus

Citrus madurensis

Zwerg-Orange, Calamondine
Rutaceae, Rautengewächse

Heimat: Cultivar, Hybride aus *Citrus reticulata* × *Fortunella margarita*. Subtropisch.
Wuchsform: Aufrechtes, buschiges Laubgehölz.
Blatt: Wechselständig, elliptisch, immergrün, glänzend dunkelgrün, 4–6 cm.
Blüte: Radiär, 4- bis 5-strahlig, 1–1,3 cm groß, weiß, Staubgefäße gelb, duftend.
Frucht: Beere eiförmig, dunkelorangefarben, 3–5 cm groß, Reife X–I, sauer, essbar.
Standort: Hell bis sonnig, luftig, im Sommer im Garten.
Verwendung: Kübelpflanze, Zierbäumchen für Zimmer, Wintergarten, Orangerien. Kalthaus.
Vermehrung: Veredelung auf *Poncirus trifoliata*.
Kultur: Einheitserde oder TKS, kalkarmes Substrat (pH 4,5–5,5), sparsam mit kalkfreiem Wasser gießen, aber nicht austrocknen lassen, alle 2 Wochen Zitrus-Dünger geben.

Citrus reticulata

Mandarine
Rutaceae, Rautengewächse

Heimat: Südost-Asien. Subtropisch.
Wuchsform: Breitkroniger Kleinbaum mit dichtem, aufrechtem Wuchs.
Blatt: Wechselständig, elliptisch, immergrün, glänzend, 4–5 cm lang.
Blüte: Radiär, 1–2 cm, 4- bis 5-zählig, weiß, duftend, in Doldentrauben, Selbstbefruchter.
Frucht: Beere, orangefarben, 5–6 cm lang, sehr saftig, süß.
Standort: Hell bis sonnig, luftig.
Verwendung: Kübelpflanze für Orangerien, Wintergärten. Sommers im Freien. Im Winter im Kalthaus.
Vermehrung: Veredelung, meist auf *Poncirus trifoliata*, Bitterorange.
Kultur: In Einheitserde, niedriger pH-Wert, mit kalkarmem Wasser gießen. Verträgt keine Staunässe.

 H: 8–13   II–IV   Kalthaus   H: 0,5   III–VII   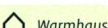 Warmhaus

Citrus sinensis

Apfelsine, Orange
Rutaceae, Rautengewächse

Heimat: China. Subtropisch.
Wuchsform: Breitkroniger Kleinbaum mit dichtem, aufrechtem Wuchs.
Blatt: Wechselständig, eiförmig, immergrün, glänzend, 7–10 cm lang.
Blüte: Radiär, 2–3 cm, 4- bis 5-zählig, weiß, duftend, Doldentraube.
Frucht: Beere, orangerot, 7–12 cm lang, sehr saftig, süß, fruchtet ganzjährig.
Standort: Hell bis sonnig, luftig.
Verwendung: Kübelpflanze für Orangerien, Wintergärten, im Sommer ins Freie stellen. Nicht winterhart. Im Winter im Kalthaus.
Vermehrung: Veredelung, meist auf *Poncirus trifoliata*, Bitterorange.
Kultur: In Einheitserde, niedriger pH-Wert, mit kalkarmem Wasser gießen. Verträgt keine Staunässe.

Clerodendrum thomsoniae

Kletternder Losstrauch
Verbenaceae, Eisenkrautgewächse

Heimat: Westafrika. Tropisch.
Wuchsform: Rasch wachsender Schlinger. Ohne Hemmstoff 2–5 m hoch wachsend.
Blatt: Gegenständig, eiförmig, immergrün, filzig behaart, 12–17 cm lang.
Blüte: Radiär, 2 cm, rot mit weißen Kelchblättern, endständige Doldentraube bis 15 cm groß.
Frucht: Beere, rund.
Standort: Hell, aber keine Mittagssonne, immer bei mindestens 18 °C.
Verwendung: Geschlossenes Blumenfenster, Wintergarten, Kleingewächshaus.
Vermehrung: Stecklinge in II–III, nach der Bewurzelung stutzen.
Kultur: Einheitserde, mäßig feucht halten, 1-mal wöchentlich düngen. Ruhezeit von XII–I.

| 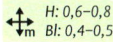 H: 0,6–0,8 Bl: 0,4–0,5 | II–V | 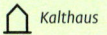 Kalthaus | 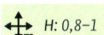 H: 0,8–1 | – | 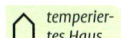 temperiertes Haus |

Clivia miniata

Klivie, Riemenblatt
Amaryllidaceae, Amaryllisgewächse

Heimat: Südafrika: Natal. Subtropisch.
Wuchsform: Horstig wachsende, aufrechte bis überhängende Staude mit fleischigen Wurzeln.
Blatt: 2-zeilig gestellt, linealisch, immergrün, dunkelgrün, 40–50 cm lang.
Blüte: Radiär, glockenförmig, 6–8 cm, orangerot, in endständiger, auffälliger, bis 20 cm langer Dolde auf langem Schaft.
Frucht: Kapsel, rund, bei Reife rot.
Standort: Hell, luftig, im Sommer auch im Freien. Ruhezeit im Winter: 2 Monate bei 10–15 °C trocken halten (Anlage der Blütenknospen).
Verwendung: Von V–IX im Zimmer, Kalthauspflanze, Im Sommer als Kübelpflanze im Freien, halbschattig.
Vermehrung: Teilung im Frühling, bewurzelte Seitentriebe abtrennen.
Kultur: Humose Erde mit Lehmzusatz.

Coccoloba uvifera

Meertraube
Polygonaceae, Knöterichgewächse

Heimat: Amerika. Tropisch.
Wuchsform: Mehrstämmiger Kleinbaum mit dichter Krone. In der Heimat 5–8 m hoch wachsend.
Blatt: Wechselständig, immergrün, rundlich, 15–20 cm, grün, Mittelrippe rot.
Blüte: Blassgelbe, unscheinbare Einzelblüten in 15 cm langen Ähren. Nur in warmen Ländern erscheinend.
Frucht: Beeren, traubenähnlich, essbar, 1 cm groß, in unserem Klima nicht ausgebildet.
Standort: Hell und luftig, im Winter über 15 °C.
Verwendung: Kübelpflanze für Wintergärten, benötigt viel Platz.
Vermehrung: Kopfstecklinge im Frühling.
Kultur: Erdmischung aus Komposterde, Torf und grobem Sand. Mäßig gießen.
Besonderes: Früchte essbar.

H: 3-5 | I-XII | Warmhaus

Cocos nucifera

Kokospalme
Arecaceae, Betelpalmengewächse

Heimat: Melanesien. Tropisch.
Wuchsform: Durchgehender, aufrechter Stamm mit schirmförmigem Schopf. In der Heimat 10–30 m hoch wachsend.
Blatt: Schraubig, linealisch, unpaarig gefiedert, immergrün, 4–6 m lang, Einzelblatt 60–90 cm.
Blüte: Radiär, 0,3 cm, 3-zählig, weiß, in Rispen. Nur in warmen Ländern erscheinend.
Frucht: Steinfrucht mit lederig-faseriger Hülle, hellgrün, bekannte Kokosnuss.
Standort: Warm, luftig, im Winter 15–20 °C, sonst wärmer, mindestens 60 % Luftfeuchte.
Verwendung: Kübelpflanze für warme Räume.
Vermehrung: Importierte Samen (Kokosnuss) keimen bei 25 °C, in feuchten Torf legen.
Kultur: Einheitserde immer feucht halten. Wöchentlich düngen.
Besonderes: Enthält Fett und Eiweiß.

H: 0,5-2,5 | I-XII | Warmhaus

Codiaeum variegatum var. variegatum

Wunderstrauch
Euphorbiaceae, Wolfsmilchgewächse

Heimat: Molukken (Indonesien). Tropisch.
Wuchsform: Breit aufrechter Strauch.
Blatt: Wechselständig, eiförmig, 3- bis 5-lappig, immergrün, grün mit rot-gelber Maserung, 10–30 cm lang.
Blüte: Radiär, 0,5 cm, 3-zählig, weiß, unscheinbar, in achselständigen Trauben. In Kultur selten.
Frucht: Kapsel.
Standort: Halbschattig bis hell, nicht unter 18 °C, hohe Luftfeuchtigkeit.
Verwendung: Warmhauspflanze für Wintergärten und Gewächshäuser.
Vermehrung: Stecklinge von I–III bei 25–30 °C bewurzeln lassen.
Kultur: In Torfkultursubstraten, mit weichem Wasser gießen.

H: 0,3–0,4 | I–III | Kalthaus   H: 2–6 | IV–V | Warmhaus

Coelogyne cristata

Coelogyne, Engelsorchidee
Orchidaceae, Orchideengewächse

Heimat: Osthimalaja. Subtropisch, tropisch.
Wuchsform: Aufrechter, überhängender Epiphyt, bildet Pseudobulben.
Blatt: Grundständig, linealisch, aus Pseudobulben entstehend, immergrün, 15–20 cm lang.
Blüte: Disymmetrisch, 4–5 cm, 3-zählig, weiß mit gelber Zeichnung, in Trauben.
Frucht: Kapsel.
Standort: Hell, aber nicht vollsonnig, Morgensonne.
Verwendung: Ostseitiges Blumenfenster, Vitrine, Ampel, Epiphytenstamm.
Vermehrung: Teilung der Pseudobulben im Frühling.
Kultur: In Farnwurzeln und Rindensubstrat. Mit Regenwasser gießen. Von XI–IV trocken halten.
Hinweise: Blüten hängen lang herab. Neutriebe nie überspritzen, sonst droht Fäulnis.

Coffea arabica

Kaffeestrauch
Rubiaceae, Krappgewächse

Heimat: Äthiopien, Sudan. Tropisch.
Wuchsform: Aufrechter Strauch mit etagenförmiger Verzweigung.
Blatt: Gegenständig, breit lanzettlich, immergrün, dunkelgrün, 10–15 cm lang.
Blüte: Radiär, strahlenförmig, 2–2,5 cm breit, 4-zählig, weiß, duftend, in achselständigen Doldentrauben.
Frucht: Beerenartige Steinfrucht, 1–1,5 cm lang, dunkelrot, enthält 2 Kerne (die Kaffeebohnen).
Standort: Sonnig bis halbschattig, warm.
Verwendung: Einzeln im Topf oder Kübel als Zimmerpflanze. Im Winter nicht unter 15 °C.
Vermehrung: Fruchtfleisch von frisch geernteten Bohnen entfernen und sofort aussäen.
Kultur: Kalkfreie Substrate, Einheitserde; Erde nie austrocknen lassen, 16–20 °C.
Besonderes: Wichtige, weltweite Nutzpflanze.

 H: 0,2 IX–V Warmhaus   H: 0,2 III–IV 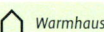 Warmhaus

Columnea gloriosa

Pracht-Rachenrebe
Gesneriaceae, Gesneriengewächse

Heimat: Costa Rica. Tropisch.
Wuchsform: Kriechende oder hängende Triebe. 0,4–0,5 m lang herabhängend.
Blatt: Gegenständig, eiförmig, immergrün, behaart, 2–3 cm lang.
Blüte: Disymmetrisch, röhrenförmig, 6–8 cm lang, leuchtend rot mit gelbem Schlundfleck, in Blattachseln und Triebenden.
Frucht: Beere.
Standort: Lichter Schatten, warm, 20–30 °C im Sommer, im Winter mindestens 20 °C.
Verwendung: Ampelpflanze für Blumenfenster und Kleingewächshaus.
Vermehrung: Stecklinge ganzjährig, bei 25 °C in Torf-Sandgemisch stecken.
Kultur: In durchlässiger Humuserde, Einheitserde; nicht austrocknen lassen.
Sorte: 'Purpurea', Blätter bronzerot.

Columnea hirta

Rachenrebe
Gesneriaceae, Gesneriengewächse

Heimat: Costa Rica. Tropisch.
Wuchsform: Kriechend oder hängende Triebe. 0,4–0,5 m lang herabhängend.
Blatt: Gegenständig, eiförmig, immergrün, behaart, 3–5 cm lang.
Blüte: Disymmetrisch, röhrenförmig, 8–10 cm lang, leuchtend rot mit gelbem Schlundfleck, in Blattachseln und Triebenden.
Frucht: Beere.
Standort: Lichter Schatten, warm, 20–30 °C im Sommer, im Winter mindestens 20 °C.
Verwendung: Ampelpflanze für Blumenfenster.
Vermehrung: Stecklinge ganzjährig, bei 25 °C in Torf-Sandgemisch stecken.
Kultur: In durchlässiger Humuserde, Einheitserde; nicht austrocknen lassen.
Sorte: 'Sonne', Blätter weich behaart, leuchtend orangefarbene Blüten.

| H: 0,2 | III–VIII | Warmhaus | H: 2,5–4,5 Bl: 2–4 | I–XII | Warmhaus |

Columnea microphylla

Kleinblättrige Rachenrebe
Gesneriaceae, Gesneriengewächse

Heimat: Costa Rica. Tropisch.
Wuchsform: Kriechend oder hängende Triebe. 0,2 m hoch, aber 0,5–1 m lang herabhängend.
Blatt: Gegenständig, eiförmig, immergrün, stark behaart, 1 cm lang.
Blüte: Disymmetrisch, röhrenförmig, 6–8 cm lang, leuchtend rot mit gelbem Schlundfleck, in Blattachseln und Triebenden.
Frucht: Beere.
Standort: Lichter Schatten, warm, 20–30 °C im Sommer, im Winter mindestens 20 °C.
Verwendung: Ampelpflanze für Blumenfenster und Kleingewächshaus.
Vermehrung: Stecklinge ganzjährig, bei 25 °C in Torf-Sandgemisch stecken.
Kultur: In durchlässiger Humuserde, Einheitserde; nicht austrocknen lassen.
Sorte: 'Variegata', Blätter weiß-grün.

Cordyline fruticosa

Keulenlilie
Dracaenaceae, Drachenbaumgewächse

Heimat: Neuseeland, Nordost-Australien, Asien. Tropisch.
Wuchsform: Aufrechter Strauch mit hängenden Blättern.
Blatt: Schraubig, lanzettlich, gestielt, immergrün, 30–50 cm lang, 6–8 cm breit, auch rötlich oder gelblich gestreift, je nach Sorte.
Blüte: Radiär, sternförmig, 0,5–1 cm, weiß, in bis 30 cm langen Rispen.
Frucht: Beere.
Standort: Hell und warm, nicht unter 18 °C.
Verwendung: Blumenfenster, Kleingewächshaus. Im Winter im Warmhaus.
Vermehrung: Aussaat der importierten Samen von I–II bei 25 °C, Kopfstecklinge im Sommer.
Kultur: Durchlässige, humose Erde, ständig feucht halten, 20–25 °C, hell.
Sorte: 'Red Edge', Blätter rötlich grün.

H: 1,5–3,5
Bl: 1–3   IV–V   Kalthaus

H: 1   II–III   Kalthaus

Cordyline stricta

Keulenlilie
Dracaenaceae, Drachenbaumgewächse

Heimat: Australien: Neusüdwales, Queensland. Subtropisch.
Wuchsform: Aufrechter Strauch mit zierlichem Wuchs.
Blatt: Schraubig, lanzettlich, immergrün, 30–60 cm lang, 2–3 cm breit.
Blüte: Radiär, sternförmig, 0,5–1 cm, lila, in bis 30 cm langen Rispen.
Frucht: Beere, sehr selten.
Standort: Hell und warm, nicht unter 18 °C.
Verwendung: Wintergarten, im Sommer auch im Kübel im Freien. Im Winter im Kalthaus.
Vermehrung: Aussaat der importierten Samen von I–II bei 25 °C, Kopfstecklinge im Sommer möglich.
Kultur: Durchlässige, humose Erde, 20–25 °C, hell.
Besonderes: Vermehrung aus Samen.

Corokia cotoneaster

Zickzackstrauch
Escalloniaceae, Escalloniengewächse

Heimat: Neuseeland. Subtropisch, mediterran.
Wuchsform: Sparriger Zwergstrauch mit zickzackartig geformten Zweigen. In der Heimat bis 2 m hoch wachsend.
Blatt: Wechselständig, eirund, immergrün, dunkelgrün, unterseits filzig behaart, 1–2 cm lang.
Blüte: Radiär, sternförmig, 1 cm, 5-zählig, gelb.
Frucht: Steinfrucht, orangerot, 6–8 mm groß.
Standort: Hell, im Sommer auch im Freien im Halbschatten, humose Böden.
Verwendung: Einzeln für den Wintergarten, auch als Bonsai verwendbar.
Vermehrung: Kopfstecklinge im Sommer.
Kultur: Einheitserde, mäßig feucht halten, im Winter hell und kühl.
Sorte: 'Erecta', aufrechter Wuchs.
Hinweise: Robust, kaum Befall von Schädlingen und Krankheiten.

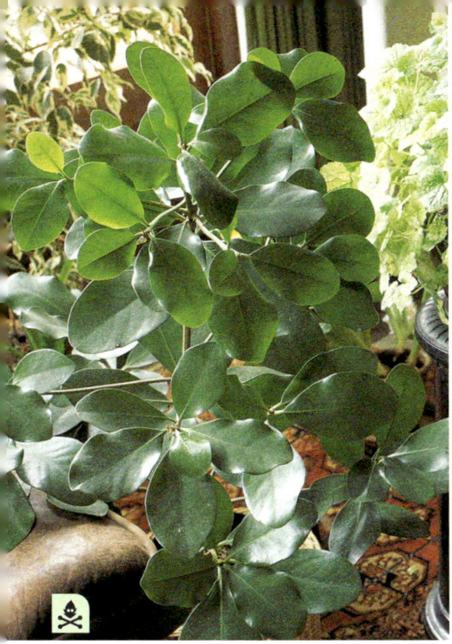

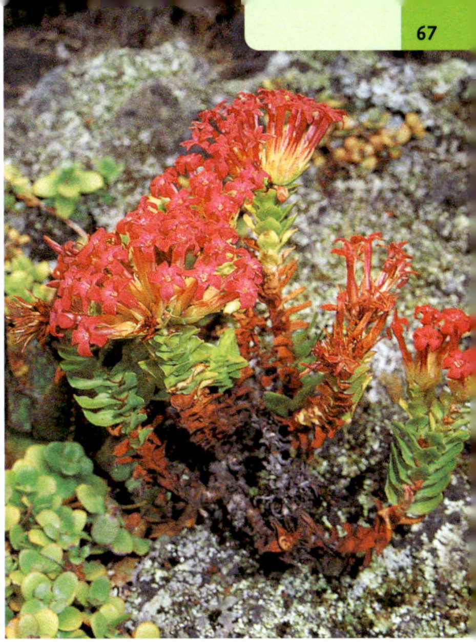

H: 5 m | IX–X | Kalthaus

Corynocarpus laevigatus

Karakabaum
Corynocarpaceae, Karakabaumgewächse

Heimat: Neuseeland. Subtropisch.
Wuchsform: Baum mit kegelförmiger Krone. In der Heimat bis 20 m hoch wachsend.
Blatt: Wechselständig, eiförmig, fleischig-ledrig, immergrün, 15–18 cm lang, grün.
Blüte: Radiär, 0,4 cm, weiß, in Rispen, bei uns in Kultur noch nicht beobachtet.
Frucht: Orangefarbene Steinfrucht, 3–4 cm lang, enthält einen giftigen Samen.
Standort: Volle Sonne bis Halbschatten, humos.
Verwendung: Kübelpflanze, im Sommer im Freien, im Winter im Kalthaus.
Vermehrung: Kopfstecklinge im VIII.
Kultur: Jungpflanzen mehrmals stutzen, Einheitserde T.
Sorte: 'Alba Variegata', weiß gerandete Blätter.
Besonderes: Samen werden von den Maoris geröstet und gegessen.

H: 0,25–0,4 m, Bl: 0,2–0,3 m | VI–VIII | Kalthaus

Crassula coccinea

Dickblatt
Crassulaceae, Dickblattgewächse

Heimat: Südafrika. Subtropisch.
Wuchsform: Niedriger, sukkulenter Halbstrauch mit aufrechten Trieben.
Blatt: Gegenständig, dachziegelartig überlappend angeordnet, oval zugespitzt, dickfleischig, immergrün, 1,5–3 cm lang.
Blüte: Radiär, röhrenförmige Sternblüten, 1–1,5 cm groß, 5-zählig, leuchtend rot in endständigen Trugdolden, 4–5 cm breit.
Frucht: Kapsel mit sehr feinen Samen.
Standort: Vollsonnige Lagen.
Verwendung: Unempfindliche Zimmerpflanze, im Winter hell und kühl halten (4–8 °C). Kalthauspflanze.
Vermehrung: Kopfstecklinge einige Tage trocknen lassen, dann stecken.
Kultur: In sandig-humosem Substrat, verträgt viel Trockenheit, wenig düngen.

H: 0,4–0,6 | IV–VII | Kalthaus

H: 0,4–0,6 Bl: 0,3–0,5 | XII–IV | Kalthaus

Crassula ovata

Dickblatt, Jadestrauch
Crassulaceae, Dickblattgewächse

Heimat: Südafrika: Kap, Natal. Subtropisch.
Wuchsform: Kugelförmiger, sukkulenter Busch. In der Heimat bis 3 m hoch wachsend.
Blatt: Gegenständig, oval, dickfleischig, immergrün, grüngrau, 3–4 cm lang.
Blüte: Radiär, sternförmig, 1–1,5 cm groß, 5-zählig, weiß-rosa, in endständigen Trugdolden, 4–5 cm breit.
Frucht: Kapsel mit sehr feinen Samen.
Standort: Vollsonnige Lagen in durchlässigen Böden.
Verwendung: Unempfindliche Zimmerpflanze, im Winter hell und kühl halten.
Vermehrung: Blattstecklinge einige Tage trocknen lassen, dann stecken.
Kultur: In sandig-humosem Substrat, verträgt viel Trockenheit. Empfindlich bei zu viel Nässe.
Hinweise: Wird auch „Geldbaum" genannt.

Crassula perfoliata var. minor

Sichel-Dickblatt
Crassulaceae, Dickblattgewächse

Heimat: Südafrika: Kap, Natal. Subtropisch.
Wuchsform: Niedriger, sukkulenter Busch.
Blatt: Gegenständig, oval, dickfleischig, sichelförmig gebogen, immergrün, grau, 8–14 cm.
Blüte: Radiär, sternförmig, 1–1,5 cm groß, 5-zählig, leuchtend rot, in endständigen Trugdolden, 10–15 cm breit.
Frucht: Kapsel mit sehr feinen Samen.
Standort: Vollsonnig, durchlässige Böden.
Verwendung: Unempfindliche Zimmerpflanze, im Winter hell und kühl halten (mind. 7 °C).
Vermehrung: Triebstecklinge einige Tage trocknen lassen, dann stecken.
Kultur: In sandig-humosem Substrat, verträgt viel Trockenheit. Empfindlich bei zu viel Nässe.
Hinweise: Auf Wollläuse achten.

H: 0,4–0,5
Bl: 0,3–0,4   V–IX   Warmhaus

H: 0,05–0,08   I–XII   Warmhaus

Crossandra infundibuliformis

Krossandra
Acanthaceae, Akanthusgewächse

Heimat: Pakistan, Indien, Sri Lanka, Südost-Asien. Tropisch.
Wuchsform: Buschiger, aufrechter, mehrtriebiger Halbstrauch.
Blatt: Gegenständig, breit lanzettlich, immergrün, glänzend dunkelgrün, 7–10 cm lang.
Blüte: Disymmetrisch, 1,5–2 cm groß, hellorangefarben, an endständigen Ähren.
Frucht: Kapsel.
Standort: Halbschattige Lagen in humosen Böden, Warmhauspflanze.
Verwendung: Zimmerpflanze, lange Blütezeit.
Vermehrung: Kopfstecklinge im Frühling.
Kultur: In Einheitserde bei hohen Temperaturen, Ballen darf nicht austrocknen.
Sorte: 'Mona Wallhed', kompakt wachsend.

Cryptanthus zonatus

Zebra-Erdstern, Versteckblüte, Cryptanthus
Bromeliaceae, Bromeliengewächse

Heimat: Brasilien. Tropisch.
Wuchsform: Trichterförmige Rosette.
Blatt: Schraubig, linealisch, am Rand bestachelt, gewellt, immergrün, braungrün gefärbt mit hellen oder rosafarbenen Querstreifen, 15–20 cm lang.
Blüte: Radiär, 2 cm, 3-zählig, unscheinbar, in Ähren im Blatttrichter.
Frucht: Beere.
Standort: Schwach sonnig bis halbschattig, hohe Luftfeuchtigkeit.
Verwendung: Zimmerpflanze, Bodendecker in Vitrinen, Schalen, Trögen. Warmhauspflanze. Nicht winterhart.
Vermehrung: Abtrennen der Kindel ganzjährig möglich.
Kultur: In Einheitserde mit Zusatz von Sphagnum, Substrat immer feucht halten.

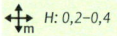 H: 0,2–0,4   -   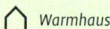 Warmhaus   H: 1–2   III–V   Kalthaus

Ctenanthe lubbersiana

Marmorierte Kammmaranthe
Marantaceae, Pfeilwurzgewächse

Heimat: Brasilien. Tropisch.
Wuchsform: Aufrechte bis übergeneigte, Horste bildende Staude.
Blatt: 2-zeilig, elliptisch, immergrün, grün mit heller Zeichnung, bis 20 cm lang.
Blüte: Disymmetrisch, klein, weiß, unscheinbar (selten in Kultur).
Standort: Hell, aber nicht vollsonnig.
Verwendung: Geschlossene Vitrinen und Blumenfenster. Auch im Winter im Warmhaus.
Vermehrung: Stecklinge, Teilung im Frühling.
Kultur: In Einheitserde, stets auf hohe Luftfeuchtigkeit achten. Oft besprühen.
Sorte: 'Variegata', weißgrünes Laub.
Hinweise: Warm und feucht, aber nicht nass halten.

Cupressus macrocarpa

Zimmer-Zypresse, Monterey-Zypresse
Cupressaceae, Zypressengewächse

Heimat: Kalifornien, Halbinsel Monterey. Mediterran.
Wuchsform: Aufrechter Nadelbaum. In der Heimat 10–15 m hoch wachsend.
Blatt: Schuppenförmig, immergrün, 0,1–0,2 cm.
Blüte: In der Zimmerkultur nicht blühend.
Frucht: Zapfen, eiförmig, 2–3,5 cm lang.
Standort: Sonnig bis halbschattig in humosem Boden.
Verwendung: Für mäßig warme Zimmer, Wintergärten. Ab Herbst im Kalthaus frostfrei überwintern.
Vermehrung: Kopfstecklinge im Frühling bei 20–25 °C unter Folie.
Kultur: In humosen Substraten, Erde nicht austrocknen lassen, auch zu viel Wasser (Staunässe) ist ungünstig.
Sorte: 'Goldcrest', gelbe Schuppenblätter.

| 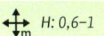 H: 0,6–1 | - | 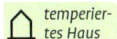 temperiertes Haus | 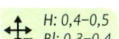 H: 0,4–0,5 Bl: 0,3–0,4 | XII–V | 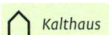 Kalthaus |

Cycas revoluta

Japanischer Sagopalmfarn
Cycadaceae, Palmfarngewächse

Heimat: Japan, Südost-Asien. Subtropisch.
Wuchsform: Stamm bildend, steif abstehende Wedel. In der Heimat 2–3 m hoch wachsend.
Blatt: Quirlständig, am Ende des walzenförmigen Stammes. Wedel 0,5–2 m lang, Fiederblättchen nadelförmig, lederig, immergrün, bis 6 cm.
Blüte: Zweihäusig, männliche Blüten erscheinen im Zentrum des Blatttrichters, gelblich, die weiblichen in den Blattachseln, selten.
Frucht: Sehr selten zu sehen, eiförmig, hart.
Standort: Hell, aber vor direkter Sonne geschützt, mindestens 15 °C, auch winters.
Verwendung: Einzeln in großen, hellen Räumen, im Wintergarten.
Vermehrung: Aussaat von importierten Samen, Keimzeit oft mehrere Monate (30 °C).
Kultur: Durchlässige Humuserden mit Sand oder Seramis vermischt. Mäßig gießen.

Cyclamen persicum

Zimmer-Alpenveilchen
Primulaceae, Primelgewächse

Heimat: Östliches Mittelmeergebiet. Mediterran.
Wuchsform: Staude mit flachrunder Knolle.
Blatt: Grundständig, herzförmig, lang gestielt, grün mit weißer Maserung, 4–6 cm lang.
Blüte: Radiär, 3–5 cm, 5-teilig, Kronblätter zurückgeschlagen, weiß, rosa, rot, einzeln an langen Stielen. Wildart blüht von IV–V.
Frucht: Kugelige Kapsel, Stiele gerollt.
Standort: Hell und kühl.
Verwendung: Wichtige Zimmerpflanze im Topf, auch Schnittpflanze. Nicht winterhart.
Vermehrung: Aussaat XII–II, Samen 2–3 cm hoch abdecken (Dunkelkeimer), Keimzeit 3–6 Wochen bei 16–18 °C.
Kultur: 3–4 Monate nach der Keimung in Töpfe pikieren, Einheitserde P, warm und bei hoher Luftfeuchtigkeit kultivieren.

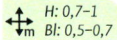 H: 0,7–1 Bl: 0,5–0,7   I–VI    Kalthaus   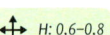 H: 0,6–0,8   I–XII   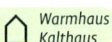 Warmhaus Kalthaus

Cymbidium lowianum

Cymbidie
Orchidaceae, Orchideengewächse

Heimat: Nordost-Indien, Myanmar. Tropisch.
Wuchsform: Aufrecht, locker. Erdorchidee.
Blatt: Aus Pseudobulben, linealisch, immergrün, 50–75 cm lang.
Blüte: Disymmetrisch, 8–10 cm groß, hellgrün, weiß oder rötlich, langblühend. In langer Blütentraube die Blätter überragend.
Frucht: Kapsel mit vielen sehr feinen Samen.
Standort: Hell und luftig, im Sommer sogar im Freien möglich. Hohe Luftfeuchtigkeit, auch im Winter bei 50–60 %.
Verwendung: Als Topfpflanze im Zimmer langblühend, auch Schnittpflanze. Klein bleibende Sorten blühen im Zimmer bei 18–22 °C.
Vermehrung: Teilung in größere Teilpflanzen mit je 4–5 Pseudobulben.
Kultur: In Torfsubstraten mit Zusatz von Styromull und Rindenschrot. Mäßig düngen.

Cyperus alternifolius subsp. flabelliformis

Zypergras
Cyperaceae, Riedgrasgewächse

Heimat: Tropisches Afrika, Südafrika. Mediterran, tropisch.
Wuchsform: Aufrechtes, Horst bildendes Gras.
Blatt: Grundständig, aber an der Triebspitze schirmartig angeordnet. Schmal linealisch, immergrün, 25–40 cm lang.
Blüte: Kleine Blütchen in rosettenförmigen Ähren am Triebende, gelb, 0,5 cm.
Frucht: Karyopse.
Standort: Hell und warm, im Winter kühler.
Verwendung: Sumpfgärtchen, am Fensterbrett.
Vermehrung: Blattschopf-Stecklinge in Wasser legen, Teilung im Frühling.
Kultur: Nach der Bewurzelung in humoses Substrat eintopfen. Im Untersetzer muss immer Wasser stehen.

H: 1,5–2 | VI–X | Warmhaus

H: 0,15–0,2 | - | Warmhaus

Cyperus papyrus

Papyrusstaude
Cyperaceae, Riedgrasgewächse

Heimat: NordOstafrika, Zentralafrika, auch auf Sizilien vorkommend. Mediterran, tropisch.
Wuchsform: Aufrechtes, Rhizom bildendes Gras.
Blatt: Am Ende der blattlosen Triebe in Büscheln, linealisch, immergrün, 25–30 cm lang.
Blüte: Kleine Blütchen in büschelförmigen Ähren am Triebende, gelb, 0,5 cm.
Frucht: Karyopse.
Standort: Hell und warm, im Winter etwas kühler, stets feucht halten.
Verwendung: Sumpfgarten im Zimmer, im Sommer auch im Freien, Kleingewächshaus. Nicht winterhart. Warmhauspflanze.
Vermehrung: Teilung im Frühling.
Kultur: In lehmig-humosem Substrat.
Besonderes: Im Untersetzer sollte immer etwas Wasser stehen. Aus den gepressten Halmen wurde im alten Ägypten Papier hergestellt.

Davallia mariesii

Ballfarn, Davallie
Davalliaceae, Davalliengewächse

Heimat: Ostasien. Tropisch.
Wuchsform: Kriechend und kletternd durch oberirdische, etwa 6–8 mm dicke Rhizome.
Blatt: Doppelt gefiedert, im Umriss dreieckig, langgestielt, immergrün, 10–15 cm lang.
Standort: Halbschattig, immer auf hohe Luftfeuchtigkeit achten.
Verwendung: Ampelpflanze, für Epiphytenstämme. Warmhauspflanze.
Vermehrung: Teilung der Rhizome ganzjährig möglich, unter Folie bei 22 °C in Torf-Sandgemisch bewurzeln lassen. Nur schwache Düngergaben im Sommer.
Kultur: In TKS, Substrat immer feucht halten.
Hinweise: Blätter sprießen aus den Rhizomen end- oder achselständig. Auf Schildläuse achten. Empfindlich gegen chemische Spritzmittel.
Ähnliche Art: *D. canariensis*, Kanaren.

H: 0,4–0,6 | XII–VII | Warmhaus

H: 1,2–1,8 | IV–V | Warmhaus

Dendrobium thyrsiflorum

Dendrobium
Orchidaceae, Orchideengewächse

Heimat: Ostasien. Tropisch.
Wuchsform: Locker aufrecht bis überhängend.
Blatt: Grundständig, elliptisch, immergrün, aus Pseudobulben entstehend, 12–16 cm lang.
Blüte: Disymmetrisch, 3–4 cm lang, gelb, in hängenden Trauben.
Frucht: Kapsel mit vielen staubfeinen Samen
Standort: Hell, luftig, bei hoher Luftfeuchtigkeit, Warmhauspflanze.
Verwendung: In Körbchen als Ampelpflanze, aufgebunden an Korkrinde.
Vermehrung: Teilung beim Verpflanzen, wenn neue Triebe gebildet werden.
Kultur: In Rindensubstrat von Kiefern, mit Regenwasser reichlich gießen. Im Sommer warm, im Winter bei 18–22 °C halten.
Hinweise: Im Spätherbst beginnt die Ruhezeit zur Förderung der Blütenknospen.

Dieffenbachia seguine

Dieffenbachie
Araceae, Aronstabgewächse

Heimat: Tropisches Südamerika. Tropisch.
Wuchsform: Aufrecht, buschig, krautig.
Blatt: Wechselständig, breit eiförmig, immergrün, grün mit weißen oder gelben Flecken, je nach Sorte, oft über 30 cm lang.
Blüte: Winzige Einzelblütchen auf Kolben, 15–20 cm lang, von weißer Spatha umhüllt, einzeln stehend. Blüten selten.
Frucht: Kolben.
Standort: Hell und luftig, im Winter etwas kühler bei mindestens 20 °C.
Verwendung: Zimmerpflanze, in Hydrokultur.
Vermehrung: Kopf- oder Stammstecklinge bei 25 °C unter Folie bewurzeln lassen.
Kultur: In Einheitserde, hohe Luftfeuchtigkeit, Ballen nie austrocknen lassen.
Sorte: 'Amoena', schwach gefleckt.
Hinweise: Alle Teile sind giftig.

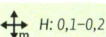 H: 0,1–0,2   V–VII   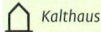 Kalthaus   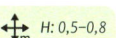 H: 0,5–0,8   IX–X    Warmhaus

Dionaea muscipula
Venusfliegenfalle
Droseraceae, Sonnentaugewächse

Heimat: USA: Carolina. Gemäßigt, subtropisch.
Wuchsform: Grundständige Rosette mit auffallenden Blattformen.
Blatt: Grundständig, Blattstiel verbreitert, am Ende ist die Blattspreite zu einer 2-klappigen Falle mit steifen Borsten umgebildet, immergrün, 15–20 cm lang.
Blüte: Radiär, 1 cm, 5-zählig, weiß.
Frucht: Kapsel.
Standort: Hell, aber keine volle Sonne, immer feuchte und saure Böden.
Verwendung: Fensterbrett, Pflanzenvitrinen, Schalen, Kalthauspflanze.
Vermehrung: Aussaat im Frühling in Torf-Sphagnum-Mischung; Blattstecklinge.
Kultur: In dauernd feuchtem Torfsubstrat (pH 5,5), wenig düngen.
Besonderes: Fängt Insekten.

Dischidia vidalii
Urnenpflanze
Asclepiadaceae, Seidenpflanzengewächse

Heimat: Philippinen. Tropisch.
Wuchsform: Langsam wachsender Schlinger mit aufgeblasenen Blättern.
Blatt: Gegenständig, eiförmig, immergrün, hellgrün, oft ballonartig aufgeblasen, 8–10 cm lang.
Blüte: Radiär, röhrig, 2–3 cm, 5-zählig, hellrot, achselständig.
Frucht: Balgfrucht 2-teilig.
Standort: Halbschattig, hohe Luftfeuchtigkeit.
Verwendung: Liebhaberpflanze für Pflanzenvitrinen und Blumenfenster, Epiphytenstämme, Warmhaus.
Vermehrung: Aussaat in Torfsubstrat.
Kultur: Nährstoffarmes, saures Substrat nicht austrocknen lassen. Stets mit Regenwasser gießen. Häufig mit kalkfreiem Wasser besprühen.
Hinweise: Manche der urnenförmigen Blätter werden von Ameisen bewohnt.

 H: 3–5   V–VI   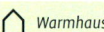 Warmhaus   H: 3–4   V–VI    Warmhaus

Dracaena fragrans
Drachenbaum
Dracaenaceae, Drachenbaumgewächse

Heimat: Tropisches Afrika. Tropisch.
Wuchsform: Baumartig, leicht überhängende Blattschöpfe an blattlosem Stamm.
Blatt: Schraubig gestellt, lanzettlich, immergrün, glänzend grün, die Sorten mit Streifen sind 50–90 cm lang, 5–8 cm breit.
Blüte: Radiär, glockenförmig, 1–2 cm, 6-zählig, weiß, duftend, in endständiger Rispe.
Frucht: Kapsel.
Standort: Halbschattig im Zimmer, hohe Luftfeuchtigkeit, Warmhauspflanze.
Verwendung: Einzeln in größeren Räumen, auch gut in Hydrogefäßen.
Vermehrung: Stammstecklinge eintopfen, im warmen Zimmer bewurzeln lassen, mehrere seitliche Austriebe möglich.
Kultur: In feuchtwarmer Umgebung, Erdsubstrat sandig-humos.

Dracaena reflexa
Drachenbaum
Dracaenaceae, Drachenbaumgewächse

Heimat: Mauritius. Tropisch.
Wuchsform: Baumartig mit leicht abstehenden Blattschöpfen. In der Heimat bis 18 m hoch.
Blatt: Schraubig gestellt, lanzettlich, immergrün, glänzend grün, 30–40 cm lang, 4–5 cm breit.
Blüte: Radiär, glockenförmig, 1–2 cm, 6-zählig, weiß, in endständiger Rispe. Selten in Kultur.
Frucht: Kapsel.
Standort: Hell und luftig, hohe Luftfeuchtigkeit.
Verwendung: Einzeln in größeren Räumen.
Vermehrung: Stamm- oder Kopfstecklinge eintopfen, im warmen Zimmer bewurzeln lassen, mehrere seitliche Austriebe möglich.
Kultur: In feuchtwarmer Umgebung, Erdsubstrat sandig-humos.
Sorte: 'Song of India', grün mit breiten, gelben Streifen (Bild).

 H: 1　 V–VI　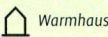 Warmhaus　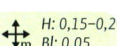 H: 0,15–0,2 Bl: 0,05　 V–VIII　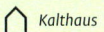 Kalthaus

Dracaena reflexa var. angustifolia

Drachenbaum
Dracaenaceae, Drachenbaumgewächse

Heimat: Reunion. Tropisch.
Wuchsform: Baumartig, leicht überhängende Blattschöpfe an blattlosem, dünnem Stamm. In den Tropen 3–4 m hoch wachsend.
Blatt: Schraubig gestellt, lanzettlich, immergrün, glänzend grün, brauner Rand, unterseits rot, 30–40 cm lang, 1–2 cm breit.
Blüte: Radiär, glockenförmig, 1–2 cm, 6-zählig, weiß, in endständiger Rispe. Selten in Kultur.
Frucht: Kapsel.
Standort: Halbschattig, hohe Luftfeuchtigkeit.
Verwendung: Einzeln in größeren Räumen.
Vermehrung: Stammstecklinge eintopfen, im warmen Zimmer bewurzeln lassen.
Kultur: In feuchtwarmer Umgebung.
Sorte: 'Tricolor', 0,4–1 m, rotweiß-grüne Streifen.

Drosera spathulata

Löffelblättriger Sonnentau
Droseraceae, Sonnentaugewächse

Heimat: Japan, China, Taiwan, Australien, Neuseeland. Subtropisch, tropisch.
Wuchsform: Krautige, flache Rosetten bildende Staude mit aufrechter Blüte.
Blatt: Grundständig, spatelförmig, grün-rot, mit vielen Drüsenhaaren, die klebrige Tröpfchen abscheiden, sommergrün, 2 cm lang.
Blüte: Radiär, Schalenform, 2 cm, 5-zählig, weiß-rosa, in Wickeln.
Frucht: Kapsel.
Standort: Sonnig bis absonnig, feucht, nährstoffarm.
Verwendung: Hobby-Glashaus, Karnivoren-Sammlungen. Winters im Kalthaus.
Vermehrung: Aussaat auf sterilem Feintorf.
Kultur: In Sphagnum (Torfmoos) oder Weißtorf (ohne Dünger), stets feucht halten, kalkfreies Wasser verwenden.

 H: 0,2 Bl: 0,1   IV–VI    Kalthaus   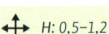 H: 0,5–1,2   IV–V   Kalthaus

Echeveria derenbergii

Echeverie
Crassulaceae, Dickblattgewächse

Heimat: Mexiko. Subtropisch.
Wuchsform: Dichte, sukkulente Rosettenpflanze.
Blatt: Schraubig gestellt, verkehrt eiförmig, immergrün, hellgrün, 3–4 cm lang.
Blüte: Radiär, glockig, 1–1,5 cm, 5-zählig, hellorangefarben, an endständigem Wickel.
Frucht: Kapsel.
Standort: Vollsonnige Lage in durchlässigen Böden, im Sommer im Freien.
Verwendung: Zimmer- und Beetpflanze, Schalen, Friedhof, Grabeinfassungen, Sukkulentensammlungen. Nicht winterhart.
Vermehrung: Blattstecklinge, Ableger, Aussaat im Frühling in sandigem Substrat.
Kultur: In humusarmer Kakteenerde, im Herbst ins Kalthaus bringen, anspruchslos.
Hinweise: Wurzelläuse bekämpfen.

Echinocactus grusonii

Goldkugelkaktus
Cactaceae, Kakteengewächse

Heimat: Mexiko. Subtropisch.
Wuchsform: Breit kugelig, bis 75 cm breit, mit bis zu 30 Rippen.
Blatt: Umgebildet zu gelben Dornen, bis zu 5 cm.
Blüte: Glockig, radiär, 3–5 cm, gelb; erscheint erst ab einer Größe von 30 cm Durchmesser, im wolligen Scheitel.
Frucht: Beere, 2 cm lang, in weiße Wolle gehüllt.
Standort: Vollsonnige Lage in durchlässigen Böden.
Verwendung: Einzeln oder in Gruppen in Sammlungen, Wintergärten, Fensterbrett. Im Winter im Kalthaus.
Vermehrung: Aussaat von IV–VI, später mehrfach pikieren und umtopfen.
Kultur: In Kakteenerde bei hohen Temperaturen, nachts nicht unter 10 °C. Im Sommer öfters gießen und düngen.

H: 0,25 Bl: 0,2 | IV–V | Kalthaus

H: 0,15–0,2 Bl: 0,1 | VII | Kalthaus

Echinocereus reichenbachii var. fitchii
Igelsäulenkaktus
Cactaceae, Kakteengewächse

Heimat: Südtexas bis Nordmexiko. Subtropisch.
Wuchsform: Aufrechte, säulenförmige, langsam wachsende Sukkulente, bis 9 cm Durchmesser.
Blatt: Umgebildet zu kammförmigen Dornen, weiß bis bräunlich.
Blüte: Strahlig, radiär, 6–7 cm, dunkelrosa.
Frucht: Beere.
Standort: Vollsonnige Lage in durchlässigen Böden.
Verwendung: Einzeln oder in Gruppen in Sammlungen, Wintergärten, Fensterbrett.
Vermehrung: Aussaat von IV–VI, später mehrfach pikieren und umtopfen.
Kultur: In Kakteenerde bei hohen Temperaturen, nachts nicht unter 10 °C. Im Sommer häufig gießen und düngen. Ab IX trockener halten.

Echinopsis obrepanda
Seeigelkaktus
Cactaceae, Kakteengewächse

Heimat: Bolivien. Subtropisch.
Wuchsform: Kugelförmige, langsam wachsende Sukkulente.
Blatt: Umgebildet zu Dornen.
Blüte: Radiär, trichterförmig, bis 8 cm lang und breit, weiß (auch rosa bis rot). Stets einzeln an langen Stielen. Öffnet sich nachts.
Frucht: Beere.
Standort: Vollsonnig, im Winter (Ruhezeit) hell und kühl.
Verwendung: Topfpflanze, Fensterbrett.
Vermehrung: Aussaat im Frühling, Ableger abnehmen und topfen.
Kultur: In Kakteenerde, wenig gießen, im Winter trocken und kühl halten.
Sorte: Viele, auch namenlose Hybriden in allen möglichen Farben.
Hinweise: Bekannt als „Bauernkaktus".

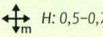 H: 0,5–0,7   -   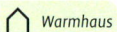 Warmhaus   H: 2–6   V–VIII   Kalthaus

Elettaria cardamomum

Kardamom
Zingiberaceae, Ingwergewächse

Heimat: Sri Lanka, Südost-Asien. Tropisch, subtropisch.
Wuchsform: Locker aufrechte, horstige Staude mit kurzen Ausläufern. In der Heimat bis 2 m.
Blatt: Wechselständig, lanzettlich, immergrün, dunkelgrün, 10–12 cm lang, duftend.
Blüte: Zygomorphe Lippenblüte, 2 cm, weiß, erscheint sehr selten in Kultur, Ähren wachsen direkt aus dem Rhizom, 60 cm lang.
Frucht: Kapsel 1 cm lang, 3-fächerig.
Standort: Schattig bis halbschattig, Warmhaus.
Verwendung: Am Fensterbrett auch an schattigen Plätzen, Nutzpflanze, Schnittpflanze.
Vermehrung: Teilung im Frühling.
Kultur: In humoser Erde, Torfkultursubstrat. Ballen nicht austrocknen lassen.
Besonderes: Samen sind süßlich, sie werden für Pfefferkuchen und Curry verwendet.

Ensete ventricosum

Zierbanane
Musaceae, Bananengewächse

Heimat: Tropisches Afrika: Äthiopien. Subtropisch, tropisch.
Wuchsform: Horstige, aufrechte Staude mit schirmförmig überhängendem Laub.
Blatt: Stängelumfassend, immergrün, glänzend, auch braunrot, 1–2 m lang (in der Heimat bis 3,5 m lang!), 40–50 cm breit.
Blüte: Zygomorph, weiß, in Ähren. In Kultur selten, Blühfähigkeit erst nach 6–8 Jahren.
Frucht: Beere, Samen schwarz. Sehr selten.
Standort: Nährstoffreiche Böden, sonnig.
Verwendung: Öffentliche Anlagen, als Kübelpflanze in Wintergärten, Terrassen. Ab X im Kalthaus hell und trocken überwintern.
Vermehrung: Nur Aussaat, Keimung bei 20–25 °C in 3–4 Wochen.
Kultur: Aussaat Anfang II, bis V 1 m hoch, im Freiland oft wässern und düngen.

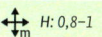 H: 0,8–1   V–VII  Kalthaus   H: 2–3   V–VIII 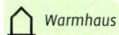 Warmhaus

Epiphyllum anguliger

Sägeblatt-Kaktus
Cactaceae, Kakteengewächse

Heimat: Mexiko. Tropisch.
Wuchsform: Buschiger Epiphyt mit fleischigen, blattartigen, tief gezähnten Zweigen. Triebe grün, gesägt, immergrün, 30–60 cm lang.
Blüte: Radiär, trichterförmig, bis 8 cm lang, gelb-weiß-rosa, achselständig. Nachtblüher.
Frucht: Beere rot, Fruchtfleisch klebrig.
Standort: Hell bis sonnig, warm, im Winter Ruhezeit bei 8 °C einhalten.
Verwendung: Epiphytenstämme, Kleingewächshaus, Wintergarten. Kalthaus.
Vermehrung: Stecklinge, auch Aussaat im Frühling.
Kultur: In humosem Substrat, pH 4,5–5,5, mäßig feucht halten.
Hinweise: Ganzjährig auffällig durch die gesägten Triebe. Hohe Luftfeuchtigkeit günstig.

Epipremnum pinnatum

Gefleckte Efeutute
Araceae, Aronstabgewächse

Heimat: Ostindien, Südasien. Tropisch.
Wuchsform: Kletternde oder hängende Staude.
Blatt: Wechselständig, herz-eiförmig zugespitzt, immergrün glänzend, dunkelgrün mit gelben Flecken, 6–10 cm lang.
Blüte: Kolben mit gelblicher Spatha, in Kultur kaum zu sehen.
Frucht: Beere, sehr selten.
Standort: Hell bis schattig, keine direkte Sonne, wärmeliebend.
Verwendung: Anspruchslose Ampel- und Kletterpflanze. Nicht winterhart.
Vermehrung: Stecklinge von Frühling bis Sommer, unter Folie bewurzeln lassen.
Kultur: In Einheitserde oder TKS, Substrat nicht austrocknen lassen
Sorte: 'Aureum', wichtigste Form mit gelb gescheckem Laub.

| H: 0,05–0,15 | VI–IX | 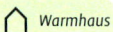 Warmhaus | 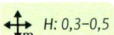 H: 0,3–0,5 | IV–V |  Kalthaus |

Episcia reptans

Episcie, Schattenröhre
Gesneriaceae, Gesneriengewächse

Heimat: Kolumbien, Surinam, Brasilien. Tropisch.
Wuchsform: Kriechend bis hängend. Krautig.
Blatt: Gegenständig, elliptisch, braun-rot, genarbt, behaart, 5–12 cm lang, 3–6 cm breit.
Blüte: Disymmetrisch, röhrig mit flachem Teller, 2 cm, rot.
Frucht: Kapsel.
Standort: Halbschattig, feucht und warm.
Verwendung: Topfpflanze auf dem absonnigen Fensterbrett, Vitrinen, Ampeln.
Vermehrung: Stecklinge und Ausläufer, IV.
Kultur: In humosem Substrat (Einheitserde), hohe Luftfeuchtigkeit, mäßig düngen. Nie die Erde austrocknen lassen.
Hinweise: Sollte immer wieder verjüngt werden, auf Blattläuse achten.
Ähnliche Art: *E. cupreata* aus Kolumbien.

Erica × willmorei

Pracht-Heide, Glocken-Heide
Ericaceae, Heidekrautgewächse

Heimat: Züchtung, Ursprungsart aus Südafrika. Mediterran.
Wuchsform: Breit buschiger, aufrechter Zwergstrauch.
Blatt: Quirlständig, nadelförmig, immergrün, dunkelgrün, 1 cm lang.
Blüte: Radiär, röhrig, 3–4 cm lang, rosa mit weißem Rand, reich blühend.
Frucht: Kapsel.
Standort: Hell bis sonnig, im Winter bei 5–10 °C.
Verwendung: Fensterbrett, Wintergarten, Topfpflanze, Schalen für Gräber. Im Herbst ins Kalthaus bringen.
Vermehrung: Stecklinge im Sommer.
Kultur: In sauren Sand-Humus-Substraten (pH 4–5), nur mit kalkfreiem Wasser gießen, alle 2 Wochen 0,1 %ig düngen.
Hinweise: Nach der Blüte zurückschneiden.

H: 3–5 | IX–X | Kalthaus

Eriobotrya japonica
Japanische Mispel, Wollmispel
Rosaceae, Rosengewächse

Heimat: China, Südjapan. Mediterran, subtropisch.
Wuchsform: Breit aufrechter Baum. In der Heimat bis 10 m hoch wachsend.
Blatt: Wechselständig, elliptisch, immergrün, dunkelgrün, unterseits hellbraun filzig, derblederig, 15–30 cm lang.
Blüte: Radiär, schalenförmig, 1 cm, duftend, in bis 30 cm langen, endständigen Rispen.
Frucht: Kernfrucht oval, 3–4 cm lang, gelborangefarben, säuerlich, wohlschmeckend, Kerne 2–3 cm lang, braun.
Standort: Hell bis halbschattig.
Verwendung: Solitärpflanze in größeren Wintergärten, Fruchtnutzung. Im Winter im Kalthaus bei 5–10 °C überwintern.
Vermehrung: Aussaat im Frühling, einzeln.
Kultur: Einheitserde stets feucht halten.

H: 3–5 | I–II | Kalthaus

Eucalyptus camaldulensis
Roter Eukalyptus
Myrtaceae, Myrtengewächse

Heimat: Australien. Subtropisch.
Wuchsform: Raschwüchsiger, aufrechter Baum mit lockerer Krone. Borke glatt, weiß, grau, hellrosa, schält sich im Sommer ab. In der Heimat bis 30 m hoch wachsend.
Blatt: Gegenständig, elliptisch, immergrün, blassgrün, 7–20 cm lang.
Blüte: Radiär, ohne Kronblätter, 1–1,5 cm, viele lange, weiße Staubgefäße. In Trauben.
Frucht: Kapsel, 1 cm groß.
Standort: Hell und sonnig.
Verwendung: In Kübeln, im Sommer auf der Terrasse. Kalthauspflanze.
Vermehrung: Aussaat im Frühling.
Kultur: In humosen Substraten mit Sand-Lehm-Zusatz. Alle 2 Wochen 0,2 %ig düngen. Im Winter kühl halten, nicht austrocknen lassen.
Hinweise: Viele weitere Arten bekannt.

H: 3–5 | I–III | Kalthaus

H: 3–5 | I–II | Kalthaus

Eucalyptus globulus

Eukalyptus, Blaugummibaum
Myrtaceae, Myrtengewächse

Heimat: Australien: Victoria, Tasmanien. Subtropisch, mediterran.
Wuchsform: Raschwüchsiger, aufrechter Baum mit lockerer Krone. Borke gräulich, schält sich in langen Streifen ab. Holz ist sehr brüchig. In der Heimat bis 60 m hoch wachsend.
Blatt: Wechselständig, sichelförmig, immergrün, dunkelgrün, 15–50 cm lang.
Blüte: Radiär, ohne Kronblätter, 1–1,5 cm, viele lange, weißgelbe Staubgefäße. In Trauben.
Frucht: Kapsel, 2 cm groß (Bild).
Standort: Hell und sonnig.
Verwendung: In Kübeln, im Sommer auf der Terrasse. Kalthauspflanze.
Vermehrung: Aussaat im Frühling.
Kultur: In humosen Substraten mit Sand-Lehm-Zusatz. Alle 2 Wochen 0,2 %ig düngen. Im Winter kühl halten, nicht austrocknen lassen.

Eucalyptus gunnii

Tasmanischer Eukalyptus
Myrtaceae, Myrtengewächse

Heimat: Australien: Tasmanien. Mediterran.
Wuchsform: Raschwüchsiger, aufrechter Baum mit lockerer Krone. Borke grau in vielen Variationen, neue Borke weißlich gelb. In der Heimat bis 25 m hoch wachsend.
Blatt: Gegenständig, rundlich, immergrün, blassgrün, 7–13 cm lang.
Blüte: Radiär, ohne Kronblätter, 1–1,5 cm, viele cremeweiße Staubgefäße. In Trauben.
Frucht: Kapsel, 1,5 cm groß.
Standort: Hell und sonnig.
Verwendung: In Kübeln, im Sommer auf der Terrasse. Härteste Art, verträgt bis -10 °C. Kalthauspflanze.
Vermehrung: Aussaat im Frühling.
Kultur: In humosen Substraten mit Sand-Lehm-Zusatz. Alle 2 Wochen 0,2 %ig düngen. Im Winter kühl halten, nicht austrocknen lassen.

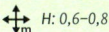 H: 0,6–0,8 VI–VII 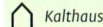 Kalthaus 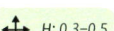 H: 0,3–0,5 VIII–IX 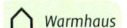 Warmhaus

Euonymus japonicus

Japanischer Spindelstrauch
Celastraceae, Spindelbaumgewächse

Heimat: Japan, Korea, Riukiu-Inseln. Mediterran.
Wuchsform: Breit buschiger, aufrechter Strauch. Triebe dunkelgrün, leicht 4-kantig. In der Heimat 5–8 m hoch wachsend.
Blatt: Gegenständig, elliptisch, immergrün, glänzend, 3–7 cm lang.
Blüte: Radiär, 0,5 cm, 4-teilig, unscheinbar gelbgrün, in Trugdolden.
Frucht: Kapsel, orangefarben mit rosa, selten.
Standort: Halbschattig bis schattig.
Verwendung: Dichter Strauch für Dekorationen, Kübelpflanze. Kalthaus, im Winter frostfrei.
Vermehrung: Kopfstecklinge von VIII–X.
Kultur: In lehmig-humosen Substraten, nicht austrocknen lassen.
Sorte: 'Albomarginatus', weißgerandete Blätter; 'Aureus', gelbgrünes Laub (Bild).
Hinweise: Buntblättrige Sorten heller stellen.

Euphorbia caput-medusae

Medusenhaupt-Wolfsmilch
Euphorbiaceae, Wolfsmilchgewächse

Heimat: Südafrika: Kap. Mediterran, subtropisch.
Wuchsform: Niederliegend aufsteigend, Sukkulente. Triebe dunkelgrün, fleischig, 30–50 cm lang, übernehmen die Assimilation.
Blatt: Elliptisch, hellgrün, kurzlebig, 0,5–2 cm.
Blüte: Radiär, 1–2 cm, grünweiß, endständig,
Frucht: Kapsel, 3-klappig.
Standort: Sonnig bis halbschattig, warm. Ganzjährig als Zimmerpflanze. Nicht frosthart.
Verwendung: Fensterbrett, Sukkulentensammlung. Achtung: Milchsaft ist giftig!
Vermehrung: Aussaat im Frühling; Kopfstecklinge in warmes Wasser tauchen, abtrocknen lassen, nach 3–4 Wochen in Sand stecken.
Kultur: Nach Wurzelbildung (kräftige Rübenwurzel) eintopfen in sandiges Substrat oder Kakteenerde. Im Winter nicht austrocknen lassen.

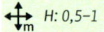 H: 0,5–1   I–XII 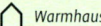 Warmhaus   H: 0,5–1   X–III 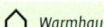 Warmhaus

Euphorbia × lomi

Hybrid-Wolfsmilch
Euphorbiaceae, Wolfsmilchgewächse

Heimat: Madagaskar. Subtropisch.
Wuchsform: Sparriger, aufrechter Halbstrauch mit dicken, stark bedornten Trieben.
Blatt: Wechselständig, eiförmig, halbimmergrün, dunkelgrün, 5–15 cm lang. Milchsaft ist giftig!
Blüte: Radiär, 1–2 cm breit, klein und gelb, von 2 leuchtend roten Hochblättern (Cyathien) umgeben, in endständigen Trugdolden.
Frucht: Spaltfrucht.
Standort: Sonnig bis halbschattig, im Winter nicht ganz austrocknen lassen, frostfrei.
Verwendung: Fensterbrett, Wintergarten.
Vermehrung: Stecklinge im Vorfrühling in warmes Wasser tauchen (35 °C), dann längere Zeit trocknen lassen, in sandiges Substrat stecken.
Kultur: Saure Torfsubstrate, hell stellen.
Sorte: 'Bianca', weiße Hochblätter.

Euphorbia milii

Christusdorn
Euphorbiaceae, Wolfsmilchgewächse

Heimat: Madagaskar. Subtropisch.
Wuchsform: Sparriger, aufrechter Halbstrauch mit dicken, stark bedornten Trieben.
Blatt: Wechselständig, eiförmig, halbimmergrün, 3–7 cm lang. Milchsaft ist giftig!
Blüte: Radiär, 1–2 cm breit, klein und gelb, von 2 leuchtend roten Hochblättern (Cyathien) umgeben, in endständigen Trugdolden.
Frucht: Spaltfrucht.
Standort: Sonnig bis halbschattig, im Winter nicht ganz austrocknen lassen.
Verwendung: Fensterbrett, Wintergarten.
Vermehrung: Stecklinge im Vorfrühling in warmes Wasser tauchen (35 °C), dann längere Zeit trocknen lassen, in sandiges Substrat stecken.
Kultur: Kakteenerde, hell und luftig stellen.
Hinweise: Kurztagpflanze! Ab September ins Zimmer bringen.

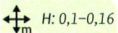 H: 0,1–0,16   VI–VII   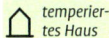 temperiertes Haus   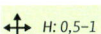 H: 0,5–1   X–III   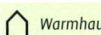 Warmhaus

Euphorbia obesa

Apfelförmige Wolfsmilch, Lebender Baseball
Euphorbiaceae, Wolfsmilchgewächse

Heimat: Südafrika: Kap. Mediterran, subtropisch.
Wuchsform: Kugelförmig, 8- bis 10-rippige Sukkulente.
Blatt: Total reduziert.
Blüte: Radiär, winzig klein, 3-zählig, gelb, erscheinen im Scheitel.
Frucht: Kapsel.
Standort: Vollsonnige Lage, im Winter nicht unter 15 °C.
Verwendung: Topfpflanze für das Fensterbrett, für Sukkulentensammlungen.
Vermehrung: Aussaat im Frühling.
Kultur: In Kakteenerde, durchlässig, sehr mäßig feucht halten.
Hinweise: Gutes Beispiel für Konvergenz, sieht einem Kaktus sehr ähnlich.

Euphorbia pulcherrima

Weihnachtsstern, Poinsettie
Euphorbiaceae, Wolfsmilchgewächse

Heimat: Südmexiko, Mittelamerika. Subtropisch, tropisch.
Wuchsform: Aufrechter, lockerwüchsiger Strauch. In wärmeren Gebieten bis 3 m hoch.
Blatt: Gegenständig, am Triebende rosettig, eiförmig zugespitzt, halbimmergrün, bläulich grün, 10–30 cm lang. Milchsaft ist giftig!
Blüte: Unscheinbar, klein, gelb, endständig, Blütenhülle fehlt. Auffällige sternförmige Hochblätter (Brakteen) in rot, lachs, weiß, 10–15 cm.
Frucht: 3-fächerige Spaltfrucht.
Standort: Hell, aber nicht sonnig. Ganzjährig über 18 °C, aber nicht zu warm halten.
Verwendung: Topfpflanze im Winter, für Schalen; Schnittpflanze.
Vermehrung: Kopfstecklinge, vor dem Stecken in lauwarmes Wasser tauchen.
Kultur: In Einheitserde, keine Staunässe!

H: 1–2,5 | VI–VIII | Kalthaus

Euphorbia tetragona
Wolfsmilch
Euphorbiaceae, Wolfsmilchgewächse

Heimat: Südafrika: Kap. Subtropisch.
Wuchsform: Breit aufrechter, sukkulenter Strauch oder Baum mit meist 4-kantigen Trieben. In der Heimat bis 15 m hoch wachsend.
Blatt: In paarige Blattdornen umgebildet.
Blüte: Einzelblüten klein, Blütenstand (Cyathium) gelbgrün, unscheinbar, 1 cm, selten zu sehen.
Frucht: Spaltfrucht.
Standort: Vollsonnig, warm.
Verwendung: Sukkulentensammlungen, im Sommer auch im Freien im Kübel. Ab September im Kalthaus überwintern.
Vermehrung: Seitentriebe abtrennen, in Wasser ausbluten lassen, 3 Wochen trocknen lassen, dann in Sandsubstrat stecken.
Kultur: Anspruchslos, mineralische Kakteenerde, sparsam gießen. Im Winter trocken halten.

H: 4–8 | VI–VIII | Kalthaus

Euphorbia tirucalli
Bleistiftpflanze, Latex-Wolfsmilch
Euphorbiaceae, Wolfsmilchgewächse

Heimat: Madagaskar, Südafrika, Ostafrika. Subtropisch.
Wuchsform: Buschiger, aufrechter, feintriebiger Strauch.
Blatt: Wechselständig, linealisch, grün, meist bald abfallend, 1–2 cm lang.
Blüte: Einzelblüten klein, Blütenstand (Cyathium) blassgrün, in Kultur ganz selten.
Frucht: Spaltfrucht.
Standort: Volle Sonne, warm, im Winter mindestens 12 °C.
Verwendung: Einzeln für Großraumbüros, Wintergarten, Kübelpflanze, auch in Hydrogefäßen.
Vermehrung: Seitentriebe abtrennen, einige Tage trocknen lassen, in Sand stecken.
Kultur: In stark sandiger Humuserde, Wasserbedarf gering, auch im Winter nicht völlig austrocknen lassen, anspruchslos.

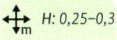 H: 0,25–0,3   VI–IX 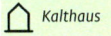 Kalthaus   H: 1–4   IX–XI 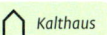 Kalthaus

Exacum affine

Blaues Lieschen, Bitterblatt
Gentianaceae, Enziangewächse

Heimat: Insel Sokotra (Golf von Aden). Subtropisch.
Wuchsform: Buschige, feintriebige Einjährige mit fleischigem Stängel.
Blatt: Gegenständig, eiförmig, gestielt, immergrün, glänzend, 3–4 cm lang.
Blüte: Radiär, schalenförmig, 2–3 cm, enzianblau mit gelben Staubgefäßen, endständig.
Frucht: Kapsel.
Standort: Hell, aber nicht zu warm.
Verwendung: Zimmerpflanze, halbschattige Blumenfenster. Kalthauspflanze.
Vermehrung: Aussaat XI–V, Temperatur um 20–22 °C, Lichtkeimer, Keimdauer 4–6 Monate! Auch Stecklinge ab III möglich.
Kultur: In Einheitserde, mäßig gießen, wöchentlich düngen.
Sorte: 'Royal Dane Weiß', weiß, kompakt, 25 cm.

× Fatshedera lizei

Efeuaralie
Araliaceae, Araliengewächse

Heimat: Züchtung. Gemäßigt, mediterran.
Wuchsform: Aufrechter, rasch wachsender Spreizklimmer.
Blatt: Wechselständig, 3- bis 5-lappig, immergrün, 10–12 cm breit.
Blüte: unscheinbar, gelblich, in Dolden, selten.
Frucht: Beere, sehr selten.
Standort: Halbschattig bis schattig, kühl.
Verwendung: Schattenecken im Zimmer. Im Sommer auch im Freien als Kübelpflanze möglich, im Herbst ins Kalthaus.
Vermehrung: Trieb- und Kopfstecklinge, einfach.
Kultur: In humosem Substrat, Einheitserde, kühl halten, gleichmäßig gießen.
Sorte: 'Variegata', ähnlich, aber mit weiß gefleckten Blättern.
Hinweise: Gattungskreuzung aus Frankreich (1912) aus *Fatsia japonica* und *Hedera helix*.

H: 1,5–2,5 m | IX–XI | Kalthaus

Fatsia japonica
Zimmeraralie
Araliaceae, Araliengewächse

Heimat: Japan, Südkorea. Subtropisch.
Wuchsform: Aufrechter, meist mehrstämmiger Strauch. In der Heimat bis 5 m hoch wachsend.
Blatt: Wechselständig, handförmig, 5- bis 7-lappig, immergrün, glänzend, 20–30 cm breit.
Blüte: Radiär, 1 cm, grün-weiß, in endständigen Dolden.
Frucht: Beere schwarz.
Standort: Hell bis schattig, keine direkte Sonne.
Verwendung: Genügsame Zimmerpflanze, im Sommer auch als Kübelpflanze draußen. In wintermilden Gebieten auch frosthart bis –10 °C.
Vermehrung: Aussaat sofort nach der Ernte, Keimzeit 3–4 Wochen, Kopfstecklinge.
Kultur: In Einheitserde, braucht als ältere Pflanze viel Wasser. Von X–II etwas trockener und kühl halten.
Sorte: 'Variegata', gelbbuntes Laub, 1 m hoch.

H: 0,03–0,04 m | IX–XII | temperiertes Haus

Fenestraria rhopalophylla
Fensterblatt
Aizoaceae, Eiskrautgewächse

Heimat: Namibia, Südafrika. Subtropisch.
Wuchsform: Aufrechte, Polster bildende Art mit hochsukkulenten Blättern.
Blatt: Gegenständig, keulenförmig, oben mit fensterartigen Zellen, immergrün, 3–4 cm lang, bis 1 cm dick.
Blüte: Radiär, vielstrahlig, gelb.
Frucht: Kapsel.
Standort: Vollsonnig, von Sand und Kies umgeben.
Verwendung: Topfpflanze, für Sukkulentensammlungen, Hobby-Glashaus.
Vermehrung: Aussaat im Frühling, Teilung der Polster.
Kultur: In Kakteenerde mit Kieszusatz. Im Winter ganz trocken halten.
Hinweise: Am Naturstandort ist die Pflanze oft völlig von Sand bedeckt.

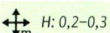 H: 0,2–0,3   VI–VIII   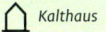 Kalthaus   H: 2–4   -   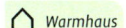 Warmhaus

Ferocactus latispinus

Teufelszunge
Cactaceae, Kakteengewächse

Heimat: Mexiko. Tropisch.
Wuchsform: Erst kugelförmiger, später zylindrischer Körper mit vielen kräftigen, spitzen Dornen.
Blatt: Umgebildet zu roten und gelben, meist gebogenen Dornen.
Blüte: Radiär, röhrig, 4–6 cm lang, gelb. Erst bei alten Pflanzen zu sehen.
Frucht: Beere.
Standort: Vollsonnig, trocken.
Verwendung: Einzeln als Topfpflanze, Sammlungen. Im Winter kühl und trocken halten.
Vermehrung: Aussaat im Frühling.
Kultur: In Kakteenerde, von V–IX monatlich einmal düngen. Wenig gießen. Nässeempfindlich.
Hinweise: Blätter völlig reduziert. Pflanze assimiliert mit dem Spross. Die breiten Dornen sind starr und sehr gefährlich.

Ficus benjamina

Benjamin-Feige, Birken-Feige
Moraceae, Maulbeerbaumgewächse

Heimat: Ostasien: Indien bis Malaysia, Nord-Australien. Subtropisch, tropisch.
Wuchsform: Elegant wirkender, oft mehrstämmiger, breiter Kleinbaum mit überhängender Krone. In der Heimat über 10 m hoch.
Blatt: Wechselständig, immergrün, eiförmig zugespitzt, glänzend, gestielt, dunkelgrün, führt Milchsaft, 8–12 cm lang.
Blüte: Feigenartig, unscheinbar, selten in Kultur.
Frucht: Rötliche Feige, 1 cm lang, sehr selten.
Standort: Hell, aber keine direkte Sonne, humose, durchlässige Böden.
Verwendung: Einzeln in Kübeln oder Hydrogefäßen für Wintergärten.
Vermehrung: Kopfstecklinge, Enden kurz in warmes Wasser stellen, dann stecken.
Kultur: In humosen Substraten (Einheitserde).
Sorte: 'Hawaii' (Bild), grünweiß.

 H: 3–5   -   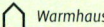 Warmhaus   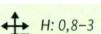 H: 0,8–3   -    Warmhaus

Ficus cyathistipula
Gummibaum
Moraceae, Maulbeerbaumgewächse

Heimat: Afrika. Tropisch.
Wuchsform: Breiter Baum mit ausladender Krone. In der Heimat über 15 m hoch.
Blatt: Wechselständig, immergrün, eiförmig, glänzend, lederig, dunkelgrün, 12–25 cm lang.
Blüte: Feigenartig, unscheinbar, 0,5 cm, grünlich, in den Blattachseln.
Frucht: Grünliche Feige, 1 cm lang, kugelig, wird reichlich gebildet.
Standort: Hell, aber keine direkte Sonne; humose, durchlässige Böden.
Verwendung: Einzeln in Kübeln oder Hydrogefäßen für Büros, Wintergärten. Nicht frosthart.
Vermehrung: Kopfstecklinge, Enden kurz in warmes Wasser stellen, dann stecken.
Kultur: In humosen Substraten (Einheitserde), gleichmäßig feucht halten und regelmäßig düngen. Rückschnitt wird gut vertragen.

Ficus deltoidea
Mistel-Feige
Moraceae, Maulbeerbaumgewächse

Heimat: Ostasien: Malaysia. Tropisch.
Wuchsform: Breiter Baum mit ausladender Krone.
Blatt: Wechselständig, rundlich bis dreieckig, gestielt, immergrün, dunkelgrün, glänzend, 4–5 cm lang.
Blüte: Feigenartig, unscheinbar, selten in Kultur zu sehen.
Frucht: Gelbliche Feige, birnenförmig, 1 cm lang, in den Blattachseln.
Standort: Hell, aber keine direkte Sonne.
Verwendung: Einzeln in Hydrogefäßen im Zimmer, in Kübeln im Wintergarten. Nicht frosthart.
Vermehrung: Kopfstecklinge.
Kultur: In humosen Substraten (Einheitserde), gleichmäßig feucht halten und düngen.
Hinweise: Bei geringerer Wassergabe werden eher Früchte gebildet.

 H: 6–8   - 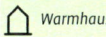 Warmhaus   H: 2–4   - 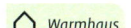 Warmhaus

Ficus elastica

Gummibaum
Moraceae, Maulbeerbaumgewächse

Heimat: Südost-Asien. Tropisch.
Wuchsform: Wuchtiger, breiter Kleinbaum mit geschlossener Krone, selten mit Luftwurzeln. In der Heimat über 30 m hoch.
Blatt: Wechselständig, eiförmig, gestielt, immergrün, dunkelgrün, glänzend, führt Milchsaft, 15–30 cm lang.
Blüte: Feigenartig, unscheinbar, selten in Kultur.
Frucht: Grünliche Feige, 1–2 cm lang, sehr selten.
Standort: Hell, aber keine direkte Sonne.
Verwendung: Einzeln in Kübeln oder Hydrogefäßen für Büros, Wintergärten.
Vermehrung: Kopf- und Stammstecklinge. Enden kurz in warmes Wasser, dann stecken.
Kultur: In humosen Substraten (Einheitserde), gleichmäßig feucht halten.
Sorte: 'Decora', breitere Blätter; 'Doescheri', grün-weiß gefleckte Blätter.

Ficus lyrata

Leier-Gummibaum, Geigen-Feige
Moraceae, Maulbeerbaumgewächse

Heimat: Tropisches Westafrika. Tropisch.
Wuchsform: Breiter Baum mit ausladender Krone. In der Heimat über 12 m hoch.
Blatt: Wechselständig, leierförmig, immergrün, dunkelgrün glänzend, 30–50 cm lang, über 20 cm breit.
Blüte: Feigenartig, unscheinbar, selten in Kultur.
Frucht: Grünliche Feige, 3–4 cm groß, kugelig.
Standort: Hell, keine direkte Sonne, humose, durchlässige Böden. Hohe Luftfeuchtigkeit.
Verwendung: Einzeln in Kübeln oder Hydrogefäßen für Büros, Wintergärten. Dankbar für warme Plätze.
Vermehrung: Kopfstecklinge, Enden kurz in warmes Wasser stellen, dann stecken.
Kultur: In humosen Substraten (Einheitserde) mit Sandzusatz, gleichmäßig feucht halten und regelmäßig düngen.

H: 1–2 - Warmhaus   H: 2–4 - Kalthaus

Ficus pumila

Kletter-Feige
Moraceae, Maulbeerbaumgewächse

Heimat: Ostasien. Subtropisch.
Wuchsform: Kriechend und mit Haftwurzeln kletternd. In der Heimat über 10 m hoch.
Blatt: Wechselständig, immergrün, eiförmig, mattgrün, 2–3 cm lang, Altersform gestielt, dunkelgrün, glänzend, 6–8 cm lang.
Blüte: Feigenartig, 1–2 cm lang, grün, nur bei der Altersform zu sehen.
Frucht: Grünliche Feige, 4–5 cm lang, birnenförmig, sehr selten.
Standort: Hell, aber keine direkte Sonne.
Verwendung: Einzeln in Kübeln oder Hydrogefäßen, Wintergärten.
Vermehrung: Kopf- und Triebstecklinge in Sand-Torfgemisch stecken.
Kultur: In humosen Substraten (Einheitserde), gleichmäßig feucht halten.
Sorte: 'Sonny', grün-weißes Laub.

Ficus rubiginosa

Rost-Feige
Moraceae, Maulbeerbaumgewächse

Heimat: Australien. Subtropisch, tropisch.
Wuchsform: Breiter Strauch mit geschlossener Krone. In der Heimat über 15 m hoch.
Blatt: Wechselständig, eiförmig, gestielt, immergrün, dunkelgrün, unterseits bräunlich behaart, glänzend, 8–12 cm lang,
Blüte: Feigenartig, unscheinbar, selten in Kultur.
Frucht: Grünliche Feige, 1 cm lang, sehr selten.
Standort: Hell, aber keine direkte Sonne, humose, durchlässige Böden.
Verwendung: Einzeln in Kübeln oder Hydrogefäßen für kühlere Zimmer und Wintergärten.
Vermehrung: Kopfstecklinge, Enden kurz in warmes Wasser stellen, dann stecken.
Kultur: In humosen Substraten (Einheitserde), gleichmäßig feucht halten und regelmäßig düngen.
Sorte: 'Variegata', gelb-weißes Laub, 2–3 m (Bild).

 H: 2–4   –   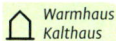 Warmhaus Kalthaus   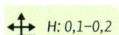 H: 0,1–0,2   V–VI   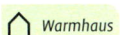 Warmhaus

Ficus sagittata

Pfeilförmige Feige
Moraceae, Maulbeerbaumgewächse

Heimat: Ostasien: Himalaja, Philippinen. Subtropisch, tropisch.
Wuchsform: Flacher Strauch mit überhängendem Wuchs. In der Heimat über 10 m hoch.
Blatt: Wechselständig, pfeilförmig zugespitzt, gestielt, immergrün, dunkelgrün, 4–5 cm lang.
Blüte: Feigenartig, unscheinbar, selten in Kultur.
Frucht: Grünliche Feige, 1 cm lang, sehr selten.
Standort: Hell, aber keine direkte Sonne, humose, durchlässige Böden.
Verwendung: Als Ampelpflanze für Zimmer und als Bodendecker für Wintergärten. Nicht frosthart.
Vermehrung: Kopfstecklinge.
Kultur: In humosen Substraten (Einheitserde), gleichmäßig feucht halten und regelmäßig düngen. Verträgt Wärme und hohe Luftfeuchtigkeit.
Sorte: 'Variegata', grün-weißes Laub, 2–3 m (Bild).

Fittonia verschaffeltii

Fittonie, Silbernetzblatt
Acanthaceae, Akanthusgewächse

Heimat: Bolivien, Ekuador, Kolumbien, Peru. Tropisch.
Wuchsform: Niederliegende, kriechende Staude.
Blatt: Gegenständig, elliptisch, immergrün, dunkelgrün mit silbrigen Adern, 7–10 cm lang.
Blüte: Zygomorph, rachenförmig, gelb, 1 cm, in Ähren, aber wenig auffallend.
Frucht: Kapsel.
Standort: Halbschattig bis schattig, Warmhauspflanze.
Verwendung: Große Vitrinen und Wintergärten, als Bodendecker ideal.
Vermehrung: Kopfstecklinge in Torf-Sandsubstrat stecken (V–VII).
Kultur: In Einheitserde, gleichmäßig feucht halten. Staunässe vermeiden.
Sorte: 'Argyroneura', weiße Adern (Bild); 'Pearcei', rote Adern.

H: 0,3–1,5 | VII–X | Warmhaus

H: 0,2–0,3 Bl: 0,1–0,2 | VII–VIII | Kalthaus

Gardenia jasminoides

Gardenie
Rubiaceae, Krappgewächse

Heimat: Ostasien. Subtropisch, tropisch.
Wuchsform: Breit buschiger Strauch.
Blatt: Gegenständig, elliptisch, immergün, glänzend, 6–7 cm lang.
Blüte: Radiär, schalenförmig, 10–12 cm, milchweiß, angenehm duftend, meist gefüllt, einzeln.
Frucht: Gelbe Beere.
Standort: Hell und sonnig; saure Böden.
Verwendung: Anspruchsvolle Zimmerpflanze für Blumenfenster, Wintergärten.
Vermehrung: Kopfstecklinge bei 25 °C Bodenwärme in Torf-Sand-Gemisch stecken.
Kultur: In kalkfreien Substraten, Torf-Moorerde, mit Regenwasser gießen.
Sorte: 'Radicans', nur 30 cm hoch, aber breit wachsend, kleinblumig.
Besonderes: Bei Chlorose (Gelbfärbung der Blätter) mit Eisenchelatzusatz gießen.

Gasteria carinata var. verrucosa

Hirschzunge, Gasterie
Aloaceae, Aloengewächse

Heimat: Südafrika. Mediterran, subtropisch.
Wuchsform: Dichte, rosettig wachsende Sukkulente.
Blatt: Dickfleischig, lanzettlich, steif, 2-zeilig, immergrün, hellbraun mit vielen weißen Warzen, 8–10 cm lang, 3–4 cm breit.
Blüte: Radiär, röhrig, 2–3 cm lang, 3-zählig, hellrosa, in Rispen.
Frucht: Kapsel.
Standort: Vollsonnig, warm.
Verwendung: Fensterbrett, Sukkulentensammlung. Kalthaus.
Vermehrung: Teilung im Frühling, auch Aussaat.
Kultur: In Kakteenerde, mäßig gießen und düngen, im Winter trocken halten.
Hinweise: Sehr anspruchslose Pflanze.

H: 0,4–0,6
Bl: 0,2–0,3   I–XII   Kalthaus

Gerbera jamesonii

Gerbera
Asteraceae, Asterngewächse

Heimat: Südafrika. Mediterran, subtropisch.
Wuchsform: Buschige Staude, Blütenstiele aufrecht, Blätter geneigt.
Blatt: In Rosetten, eiförmig zugespitzt, gebuchtet, 20 cm.
Blüte: Zungen- und Röhrenblüten, klein, Köpfchen mit langen Zungenblüten, oft gefüllt.
Frucht: Achäne.
Standort: Durchlässige Humusböden in sonnigen Lagen.
Verwendung: Niedere Sorten als Topfpflanze, Balkon; höhere zum Schnitt.
Vermehrung: Aussaat im IX oder Frühling, Sorten durch Teilung und Stecklinge.
Kultur: Einheitserde mit Sandzusatz unter Glas.
Sorte: Viele Arten und Sorten (Bild: 'Rotelli').
Hinweise: Blattläuse, Weiße Fliege, Minierfliegen und Mehltau bekämpfen.

H: 0,6–1   VII–IX   Warmhaus

Globba winitii

Globba
Zingiberaceae, Ingwergewächse

Heimat: Thailand. Tropisch.
Wuchsform: Aufrechte, Horst bildende Staude mit Wurzelknollen, Triebe übergeneigt.
Blatt: Schraubig gestellt, breit lanzettlich, sommergrün, 10–50 cm lang.
Blüte: Disymmetrisch, Sonderform, 4–5 cm lang, Tragblätter rosa mit gelben Staubgefäßen, in lockeren Ähren.
Frucht: Kapsel.
Standort: Hell und warm, verträgt keine pralle Sonne. Warmhauspflanze.
Verwendung: Topfpflanze für Wintergärten und warme Zimmer. Nicht frosthart.
Vermehrung: Brutknöllchen oder Teilung des Wurzelstocks im Frühling.
Kultur: Im Februar Knollen in frische Einheitserde topfen und warm antreiben. Erde nie austrocknen lassen.

 H: 1–2   VI–VIII 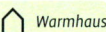 Warmhaus   H: 2–4   VII–IX 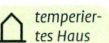 temperiertes Haus

Gloriosa superba

Ruhmeskrone
Colchicaceae, Zeitlosengewächse

Heimat: Afrika, Asien. Tropisch.
Wuchsform: Lockerer Spreizklimmer mit rhizomartigen Wurzelknollen.
Blatt: Wechselständig, lanzettlich, sommergrün, glänzend, 12–15 cm lang.
Blüte: Radiär, Lilienblüte mit zurückgeschlagenen Kronblättern, 10–15 cm, rot mit gelb, auffallend, langgestielte Einzelblüten.
Frucht: Kapsel.
Standort: Sonnig warm, keine Mittagssonne.
Verwendung: Kletter- und Schnittpflanze.
Vermehrung: Rhizomknollen teilen, jedes Teil hat nur einen Vegetationspunkt!
Kultur: In lehmig-humosem Substrat im Warmhaus. Knollen nach dem Kauf im Frühling in 12–15 cm große Töpfe legen und unter Glas antreiben. Im Herbst zieht die Pflanze ein, trocken und frostfrei (17 °C) überwintern.

Goethea strictiflora

Goetheblume
Malvaceae, Malvengewächse

Heimat: Brasilien. Tropisch.
Wuchsform: Aufrechter, locker buschiger Strauch.
Blatt: Wechselständig, schmal eiförmig, immergrün, grün mit rot, 15–25 cm lang.
Blüte: Radiär, 1 cm, 5-teilig, rot-weiß, einzeln am Stamm (Kauliflorie), roter, 4-zähliger Hüllkelch 2–3 cm groß, auffällig.
Frucht: Spaltfrucht.
Standort: Hell, ohne direkte Sonne, hohe Luftfeuchtigkeit.
Verwendung: Topfpflanze, Schnittpflanze, Warmhausgewächs. Im Winter kühler und trockener halten. Nicht winterhart.
Vermehrung: Stecklinge von III–VIII, später stutzen.
Kultur: In humosem Substrat, dauernd feucht, aber nie nass halten.

 H: 0,15 Bl: 0,1   V–VII   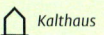 Kalthaus   H: 1–2   III–V   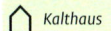 Kalthaus

Graptopetalum bellum

Kolibri-Felsenrose
Crassulaceae, Dickblattgewächse

Heimat: Mexiko: Chihuahua. Subtropisch.
Wuchsform: Dichte Rosetten bildende Blattsukkulente.
Blatt: Schraubig, breit, zugespitzt, immergrün, grau, 2–3 cm lang.
Blüte: Radiär, sternförmig, 2–3 cm breit, 5-zählig, rosa, in Trugdolden.
Frucht: Sternförmige Kapsel.
Standort: Vollsonnige Lagen in sandigen Böden.
Verwendung: Fensterbrett, Sukkulentensammlung, im Sommer auch im Freien. Im Herbst in Kalthaus einräumen.
Vermehrung: Samen, ganzjährige Aussaat möglich, sandiges Substrat. Auch Blattstecklinge.
Kultur: In Kakteenerde, mehrfach pikieren, wenig gießen, im Winter kühl halten, aber frostfrei.
Hinweise: Erinnert an eine Hauswurz. Stirbt nach der Blüte nicht ab.

Grevillea robusta

Australische Silbereiche
Proteaceae, Silberbaumgewächse

Heimat: Australien: Neusüdwales, Queensland. Subtropisch.
Wuchsform: Aufrechter Baum mit kegelförmiger Krone. In der Heimat bis 50 m hoch.
Blatt: Wechselständig, doppelt gefiedert, immergrün, dunkelgrün, unterseits hellgrau, 15–20 cm lang.
Blüte: Disymmetrisch, 2–3 cm, schmal, orangegelb, gekrümmter Griffel, in 10 cm langen Ähren.
Frucht: Balgfrucht.
Standort: Helle, aber keine vollsonnige Lagen in durchlässigen Böden.
Verwendung: Robuste Zimmerpflanze, für Wintergärten, sommers auf der Terrasse. Verträgt im Winter bis zu -5 °C, Kalthauspflanze.
Vermehrung: Frische Samen in II aussäen, 20 °C Bodentemperatur.
Kultur: In sandig-humose Erde topfen.

H: 0,5–0,7 Bl: 0,25–0,4 | XI–I | Warmhaus

Guzmania lingulata
Guzmanie
Bromeliaceae, Bromeliengewächse

Heimat: Mittelamerika, Südamerika. Tropisch.
Wuchsform: Trichterförmige Rosetten bildender Epiphyt.
Blatt: Schraubig gestellt, linealisch, immergrün, dunkelgrün, im Zentrum rote Hochblätter, 25–35 cm lang.
Blüte: Radiär, 3–4 cm, gelb, Ähre im Rosetten-Zentrum. Die eigentliche Zierde sind die leuchtend roten Hochblätter.
Frucht: Kapsel.
Standort: Hell, aber Schutz vor Sonne.
Verwendung: Topfpflanze, Epiphytenstamm, Vitrine.
Vermehrung: Abtrennen der Kindel, in Sphagnum bewurzeln lassen.
Kultur: Durchlässiges Substrat aus Sphagnum, Nadelstreu und Sand. Immer auf hohe Luftfeuchtigkeit achten.

H: 0,06–0,1 Bl: 0,03 | VI–VII | Kalthaus

Gymnocalycium mihanovichii
Spinnenkaktus, Erdbeerkaktus
Cactaceae, Kakteengewächse

Heimat: Nordparaguay. Tropisch.
Wuchsform: Flachkugelig, wenig bedornt, Sprosssukkulenz.
Blatt: Umgebildet zu Dornen, 1 cm lang.
Blüte: Radiär, glockig, 3–4 cm breit, gelbgrün bis weiß, einzeln.
Frucht: Längliche Beere.
Standort: Vollsonnige Lage, durchlässige Erde.
Verwendung: Fenster oder Kakteensammlung.
Vermehrung: Aussaat und Ableger.
Kultur: In Kakteenerde, warm und trocken, im Winter trocken.
Sorte: *G. m.* var. *friedrichii* 'Rubra', Erdbeerkaktus, roter Korpus, besitzt kein Chlorophyll, muss daher auf *Trichocereus* veredelt werden (Bild).
Hinweise: Pflanze assimiliert mit dem Spross.

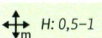 H: 0,5–1   IX–X 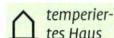 temperiertes Haus   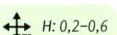 H: 0,2–0,6   II–III  Warmhaus

Gynura aurantiaca

Samtpflanze
Asteraceae, Asterngewächse

Heimat: Java, Sulawesi. Tropisch.
Wuchsform: Kriechende, hängende oder kletternde, krautige Pflanze.
Blatt: Wechselständig, eiförmig, am Rand gezähnt, immergrün, dunkelgrün mit violetter Behaarung, 8–12 cm lang.
Blüte: Radiär, klein, Köpfchen 1–1,5 cm breit, orangerot, riechen unangenehm.
Frucht: Achäne.
Standort: Hell, auch sonnig, aber Schutz vor Mittagssonne, Warmhauspflanze.
Verwendung: Kletter- und Ampelpflanze.
Vermehrung: Stecklinge von V–VIII.
Kultur: In Einheitserde, diese stets feucht halten. Im Winter trockener und kühler stellen.
Sorte: 'Purple Passion', stärkere violette Behaarung als die Art.
Hinweise: Stets Jungpflanzen nachziehen.

Hatiora salicornioides

Hatiora
Cactaceae, Kakteengewächse

Heimat: Südbrasilien. Tropisch.
Wuchsform: Aufrechte, überhängende Sukkulente mit keulig verdickten Trieben. Triebglieder dünn, keulenförmig, 2–3 cm lang. Areolen winzig mit kurzen Borsten. In der Heimat bis 1,8 m hoch. Assimiliert mit den Trieben.
Blüte: Radiär, glockig, 1 cm lang, gelb, orange- bis lachsfarben, an den Triebenden.
Frucht: Beere, weiß.
Standort: Hell, aber keine volle Sonne, stets warm.
Verwendung: Einzeln am Fensterbrett, Wintergarten, Ampelpflanze. Nicht frosthart. Warmhauspflanze.
Vermehrung: Triebstecklinge im Frühling in Sand-Torfgemisch stecken.
Kultur: In TKS 2.
Hinweise: Ruhezeit im Winter etwa 3 Monate.

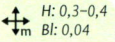 H: 0,3–0,4 Bl: 0,04   II–III   Kalthaus   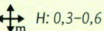 H: 0,3–0,6   VIII–IX   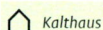 Kalthaus

Haworthia attenuata var. attenuata

Haworthie
Aloaceae, Aloengewächse

Heimat: Südafrika: Kap. Subtropisch.
Wuchsform: Rosettige Sukkulente, 5–10 cm Durchmesser.
Blatt: Schraubig, lanzettlich dreieckig, immergrün, oliv mit weißen Flecken auf der Unterseite, 3–4 cm lang.
Blüte: Disymmetrisch, röhrig, 3-zählig, weiß, an 40 cm langen Ähren.
Frucht: Kapsel.
Standort: Hell, nicht in der prallen Sonne, im Sommer im Freien.
Verwendung: Fensterbrett, Sukkulentensammlung.
Vermehrung: Teilung der Horste im Frühling.
Kultur: In sandig-humosem Substrat, im Winter im Kalthaus frostfrei halten.

Hebe × andersonii

Strauchveronika
Scrophulariaceae, Braunwurzgewächse

Heimat: Züchtung, Ursprungsarten aus Neuseeland. Mediterran, subtropisch.
Wuchsform: Breit aufrechter, kugeliger Strauch. In der Heimat 1,2–1,8 m hoch.
Blatt: Gegenständig, elliptisch, immergrün, dunkelgrün, glänzend, 3–4 cm lang.
Blüte: Disymmetrisch, röhrig geschlitzt, 0,8 cm lang, rosa. 7–15 cm lange, endständige Ähren.
Frucht: Kapsel.
Standort: Halbschattig, kühl. Im Winter im Kalthaus, im Sommer hell.
Verwendung: Schalen, Balkonkasten, Kübel. Kalthaus.
Vermehrung: Kopfstecklinge im Frühling, in Sand-Torfgemisch stecken, 20 °C.
Kultur: In Einheitserde topfen, öfters stutzen, Substrat gleichmäßig feucht halten.
Sorte: 'Catherine', rosa bis weiß, 'Dineke', blau.

 H: 3–4 (bis 30)   - 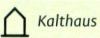 Kalthaus   H: 2–3   III–X 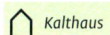 Kalthaus

Hedera canariensis

Kanarischer Efeu
Araliaceae, Araliengewächse

Heimat: Kanaren, Madeira, NordWestafrika. Mediterran.
Wuchsform: Immergrüner Bodendecker und kräftiger Kletterer, Haftwurzler.
Blatt: Wechselständig, herzförmig, 3- bis 5-lappig, immergrün, 12–20 cm lang. Im Alter eiförmig zugespitzt, gestielt, dunkelgrün, 10–20 cm.
Blüte: Gelbgrün, in Dolden an älteren Trieben.
Frucht: Kugelige, beerenförmige Steinfrüchte, schwarz; giftig!
Standort: Kräftige, humose, kalkhaltige Böden im Schatten.
Verwendung: Sehr guter anspruchsloser Bodendecker, als Kletterpflanze zur Begrünung von Wänden, Kübelpflanze.
Vermehrung: Triebstecklinge im Frühherbst.
Kultur: Einheitserde mit Sand vermagern, im Winter im Kalthaus.

Hibiscus rosa-sinensis

Chinesischer Roseneibisch
Malvaceae, Malvengewächse

Heimat: Asien. Tropisch.
Wuchsform: Breit aufrechter, buschiger Strauch. In der Heimat bis 5 m hoch wachsend.
Blatt: Wechselständig, eiförmig, immergrün, glänzend, 6–10 cm lang.
Blüte: Radiär, schalenförmig, 9–12 cm groß, rot.
Frucht: Spaltfrucht.
Standort: Hell bis halbschattig, direkte Sonne vermeiden, warm, im Winter nicht unter 14 °C.
Verwendung: Kübelpflanze, im Sommer auch im Freien, Wintergärten. Nicht frosthart.
Vermehrung: Kopfstecklinge (mit Bewurzelungshormon) im Frühsommer.
Kultur: In TKS 2 oder Einheitserde T, Staunässe und Ballentrockenheit vermeiden.
Sorte: 'Cherie', gelb mit rotbrauner Mitte.
Hinweise: Standortveränderungen können zum Abwurf der Blütenknospen führen.

| 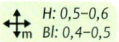 H: 0,5–0,6 Bl: 0,4–0,5 | I–IV | 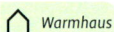 Warmhaus | H: 1–2 | - | 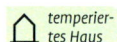 temperiertes Haus |

Hippeastrum vittatum

Ritterstern, Amaryllis
Amaryllidaceae, Amaryllisgewächse

Heimat: Peru. Subtropisch.
Wuchsform: Horst bildendes, aufrechtes Zwiebelgewächs, Laub übergeneigt.
Blatt: 2-zeilig, riemenförmig, 30–50 cm lang, 2–3 cm breit. Zieht im Herbst ein.
Blüte: Radiär, trichterförmig, 8–12 cm, rosa-rot, 2–6 Blüten erscheinen am Ende des hohlen Schaftes. Hybriden bis 25 cm große Blüten.
Frucht: Kapsel.
Standort: Hell, aber nicht vollsonnig.
Verwendung: Fensterbrett, Zimmerpflanze, Wintergarten. Im Sommer auch im Freien.
Vermehrung: Brutzwiebeln.
Kultur: Große Zwiebel (bis 15 cm) im Herbst in Einheitserde pflanzen und ins Zimmer stellen. Nach der Blüte den Schaft abschneiden, regelmäßig wässern und düngen.
Sorten: 'Fire Dance', rot (Bild).

Howea belmoreana

Bogige Kentiapalme
Arecaceae, Betelpalmengewächse

Heimat: Lord-Howe-Inseln (Australien). Tropisch.
Wuchsform: Aufrechter Baum mit schirmförmiger Krone, Stammbasis verdickt. In der Heimat bis 10 m hoch.
Blatt: Schraubig gestellt, linealisch, unpaarig gefiedert, immergrün, 2 m lang.
Blüte: Radiär, einhäusig, klein, 3-zählig, ist im Haus kaum anzutreffen.
Frucht: Steinfrucht 3–4 cm groß, oliv.
Standort: Hell, aber nicht sonnig, durchlässige Böden.
Verwendung: Zimmerpflanze, Wintergarten, Warm- bis Kalthauspflanze (mindestens 14 °C im Winter).
Vermehrung: Aussaat von frischem Saatgut, Keimdauer kann 3–8 Monate betragen.
Kultur: In Einheitserde mit Sandzusatz, 20 °C warm.

 H: 1–2   - 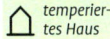 temperiertes Haus   H: 2–4   V–IX 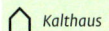 Kalthaus

Howea forsteriana

Kentiapalme
Arecaceae, Betelpalmengewächse

Heimat: Lord-Howe-Inseln (Australien). Tropisch.
Wuchsform: Aufrechter Baum mit schirmförmiger Krone, Stamm kräftig. In der Heimat bis 20 m hoch.
Blatt: Schraubig gestellt, linealisch, unpaarig gefiedert, immergrün, 3–4 m lang.
Blüte: Radiär, einhäusig, klein, 3-zählig. Wird selten bei uns ausgebildet.
Frucht: Steinfrucht 2–3 cm groß, orangerot.
Standort: Hell, nicht sonnig, durchlässige Böden.
Verwendung: Zimmerpflanze, Wintergarten, Kübelpflanze.
Vermehrung: Aussaat von frischem Saatgut, Keimdauer kann 3–8 Monate betragen.
Kultur: In Einheitserde mit Sandzusatz, 20 °C warm, im Winter mindestens 14 °C.
Besonderes: Blätter hängen nicht über.

Hoya carnosa

Wachsblume, Porzellanblume
Asclepiadaceae, Seidenpflanzengewächse

Heimat: China, Australien. Tropisch, subtropisch.
Wuchsform: Schlingender, sukkulenter Strauch.
Blatt: Gegenständig, elliptisch, immergrün, glänzend, 4–8 cm lang.
Blüte: Radiär, sternförmig, 1,2–1,8 cm breit, 5-zählig, zartrosa und weiß, in Scheindolden.
Frucht: Balgfrucht.
Standort: Hell, aber nicht sonnig, in durchlässigen Böden.
Verwendung: Kletterpflanze, auch als Ampelpflanze im Zimmer und Wintergarten. Im Winter hell und kühl halten. Nicht frosthart.
Vermehrung: Stecklinge bei 20–25 °C bewurzeln lassen, auch Veredelung der Sorten auf *H. carnosa*.
Kultur: Einheitserde mit Sand- und Lehmzusatz, gleichmäßig gießen und düngen.
Sorte: 'Variegata', gelb-grüne Blätter.

H: 0,6–0,9 V–IX Warmhaus

H: 0,2–0,3 IV–V –

Hoya lanceolata subsp. bella

Wachsblume
Asclepiadaceae, Seidenpflanzengewächse

Heimat: Myanmar (Birma). Tropisch, subtropisch.
Wuchsform: Überhängender oder kletternder Strauch.
Blatt: Gegenständig, elliptisch zugespitzt, 2–3 cm lang, immergrün, grün.
Blüte: Radiär, sternförmig, 1–1,5 cm breit, zartrosa und weiß, in Scheindolden.
Frucht: Balgfrucht.
Standort: Hell, aber nicht sonnig, in durchlässigen Böden. Liebt hohe Luftfeuchtigkeit.
Verwendung: Kletterpflanze, Ampelpflanze.
Vermehrung: Stecklinge bei 20–25 °C bewurzeln lassen, auch Veredelung (Unterlage: *H. carnosa*).
Kultur: Einheitserde mit Sand- und Lehmzusatz, gleichmäßig gießen und düngen.

Hyacinthus orientalis

Hyazinthe
Hyacinthaceae, Hyazinthengewächse

Heimat: Türkei, Syrien. Mediterran.
Wuchsform: Straff aufrechte Zwiebelpflanze.
Blatt: Linealisch, sommergrün, 4–6 Blätter pro Zwiebel, 20–30 cm lang.
Blüte: Radiär, röhrig, sternförmig, 2–2,5 cm, 6-teilig, weiß, rosa, rot, blau, gelb, je nach Sorte, in dichter Traube an kräftigem Stängel, süß duftend. Getriebene Zwiebeln blühen im Haus von XII–IV.
Frucht: Kapsel.
Standort: Sonnig bis leicht beschattet.
Verwendung: Beete, Einfassungen, Topfpflanze.
Kultur: Treibsorten im Herbst topfen, 8–9 Wochen bei 4 °C dunkel halten und bewurzeln lassen, dann wärmer und heller stellen. Einheitserde stets feucht halten.
Sorten: 'Blue Jacket', blau; 'Jan Bos', rot, 'Pink Pearl', rosa.

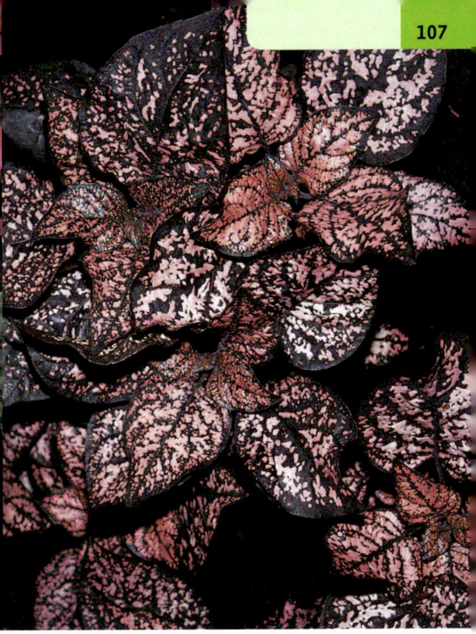

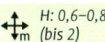 H: 0,6–0,8 (bis 2) VI–VII 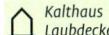 Kalthaus Laubdecke 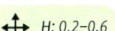 H: 0,2–0,6 VI–VIII 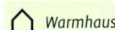 Warmhaus

Hydrangea macrophylla

Garten-Hortensie
Hydrangeaceae, Hortensiengewächse

Heimat: Japan. Gemäßigt, submediterran.
Wuchsform: Breit buschiger, aufrechter Strauch.
Blatt: Gegenständig, eiförmig zugespitzt, glänzend, 8–12 cm lang.
Blüte: Unscheinbar, 2–3 cm breit, weiß, rosa oder blau. Auffällige Scheinblüten am Rand.
Frucht: Wenig auffällige Kapseln.
Standort: Halbschattig bis schattig, kühl, Boden sauer und humos.
Verwendung: Topfpflanze, Schalen, Kübel. Nach der Blüte in den Garten pflanzen, Winterschutz.
Vermehrung: Kopfstecklinge im Sommer.
Kultur: Einheitserde, mit Regenwasser gießen, im Sommer laufend düngen. Hell und kühl (Kalthaus) überwintern, ab II wärmer stellen, antreiben.
Sorten: 'Adria', blau; 'Merkur', rot; 'Schwan', weiß; 'Rotkchlchen', rot.

Hypoestes phyllostachya

Hüllenklaue, Punktblume
Acanthaceae, Akanthusgewächse

Heimat: Madagaskar. Tropisch.
Wuchsform: Buschiger Halbstrauch.
Blatt: Gegenständig, elliptisch, immergrün, rosa, grün gefleckt, 5–7 cm lang.
Blüte: Disymmetrisch, Rachenblüte, klein, blau.
Frucht: Kapsel.
Standort: Hell bis halbschattig, keine direkte Sonne, Warmhauspflanze. Nicht frosthart.
Verwendung: Geschlossene Blumenfenster, Vitrinen, Tröge, Schalen.
Vermehrung: Kopfstecklinge, auch Aussaat möglich.
Kultur: In Einheitserde, Substrat gleichmäßig feucht halten, wöchentlich düngen. Hohe Luftfeuchtigkeit erwünscht.
Sorte: 'Pink Splash', Laub rosa mit grün; 'White Splash', weiß mit grün.
Hinweise: Rückschnitt im Frühling.

H: 0,3–0,5 Bl: 0,2 | I–XII | temperiertes Haus

H: 0,3–0,5 | I–XII | Warmhaus

Impatiens Cultivar

Neuguinea-Gruppe, Edellieschen
Balsaminaceae, Balsaminengewächse

Heimat: Züchtung, Ursprungsart *I. hawkeri* aus Neuguinea. Tropisch.
Wuchsform: Aufrechte, horstige Staude. Meist einjährig gezogen.
Blatt: Wechselständig, lanzettlich, glänzend, oft gelb-braun-grün gezeichnet.
Blüte: Tellerförmig, 3–5 cm groß, gespornt, in vielen Farbtönen. Blüht im Freiland von V–X.
Frucht: Kapsel, 5-teilig, springt bei Reife auf.
Standort: Humusreiche Böden in sonnigen bis halbschattigen Lagen.
Verwendung: Beete, Rabatten, Gräber, Balkon, Schalen.
Vermehrung: Stecklinge in Vorfrühling unter Glas oder im Sommer. Aussaat von I–II unter Glas bei 20–22 °C, humose Erde.
Kultur: Überwinterung im temperierten Haus, Erde darf nie ganz austrocknen.

Impatiens niamniamensis

Papageienschnabel
Balsaminaceae, Balsaminengewächse

Heimat: Ostafrika. Tropisch.
Wuchsform: Breit, horstig, krautig, mit knotigen, fleischigen Trieben.
Blatt: Wechselständig, elliptisch, gezähnt, immergrün, 7–12 cm lang.
Blüte: Disymmetrisch, 2–3 cm, rot-gelb, gekrümmter Sporn ähnelt einem Papageienschnabel, in Doldentrauben.
Frucht: Kapsel, platzt bei Reife und Berührung auf.
Standort: Hell bis halbschattig, Warmhauspflanze.
Verwendung: Auffällige Zimmerpflanze für geschlossene Blumenfenster, Vitrinen.
Vermehrung: Kopfstecklinge, bei 25 °C Bodentemperatur bewurzeln lassen.
Kultur: In Humuserde wie TKS oder Einheitserde, stets feucht halten. Liebt hohe Luftfeuchtigkeit.

H: 0,3–0,6 | - | Warmhaus

H: 0,2–0,25 | VI–VIII | Warmhaus

Iresine herbstii

Iresine
Amaranthaceae, Fuchsschwanzgewächse

Heimat: Brasilien. Tropisch.
Wuchsform: Aufrecht buschige, vieltriebige, nur kurzlebige Pflanze.
Blatt: Gegenständig, rundlich, lang gestielt, 3–5 cm lang, grün oder rot mit auffallenden Blattadern.
Blüte: Unscheinbar, sehr selten in Kultur.
Frucht: Nüsschen, in Kultur selten.
Standort: Hell, in humosen Substraten.
Verwendung: Zimmerpflanze, für das Warmhaus. Im Sommer auch im Freien als Beetpflanze.
Vermehrung: Kopfstecklinge von Frühling bis Herbst.
Kultur: In Einheitserde, Substrat regelmäßig gießen und düngen.
Sorte: 'Aureo-Reticulata', Blatt grün, Adern gelb, Stiele rot.

Isolepis cernua

Frauenhaar
Cyperaceae, Riedgrasgewächse

Heimat: Weltweit. Tropisch, subtropisch, mediterran.
Wuchsform: Aufrechtes, später bogig überhängendes, zierliches Gras in Horsten.
Blatt: Immergrüne, fadendünne Halme, hellgrün, rund, 20–30 cm lang.
Blüte: Unscheinbare Ährchen am Ende der Halme, weißlich.
Frucht: Nüsschen.
Standort: Halbschattig, stets feucht.
Verwendung: Sumpfpflanze für Vitrinen, Hängepflanze für Ampeln.
Vermehrung: Teilung der Horste im Frühling.
Kultur: In Einheitserde mit Sandzusatz, stets warm und feucht halten. Im Untersetzer sollte immer Wasser stehen.
Hinweise: Verträgt auf Dauer keine trockene Luft. Auf Blattläuse achten.

H: 0,6–1,1 | IV–VIII | Warmhaus

H: 12–20 | V–VII | Kalthaus

Ixora coccinea

Ixore, Dschungelbrand
Rubiaceae, Krappgewächse

Heimat: Indien. Tropisch.
Wuchsform: Aufrecht buschiger Strauch. In der Heimat bis 6 m hoch.
Blatt: Gegenständig, elliptisch, immergrün, glänzend, 7–10 cm lang.
Blüte: Radiär, röhrig, 3–4 cm lang, 4-zählig, leuchtend rot, in endständigen, bis 10 cm breiten Doldentrauben.
Frucht: Beere.
Standort: Hell und warm, hohe Luftfeuchtigkeit.
Verwendung: Geschlossene Blumenfenster, Vitrinen, Wintergarten, Warmhauspflanze.
Vermehrung: Stecklinge im Frühling.
Kultur: In Einheitserde, gleichmäßig feucht halten und düngen, keine Staunässe.
Sorte: 'Orange King', orangefarben, 0,8–1 m hoch.
Hinweise: Bei sparrigem Wuchs stutzen.

Jacaranda mimosifolia

Jacaranda, Falscher Palisander
Bignoniaceae, Bignoniengewächse

Heimat: Argentinien, Brasilien. Tropisch, subtropisch, mediterran.
Wuchsform: Aufrechter Baum mit schirmförmiger Krone.
Blatt: Gegenständig, doppelt unpaarig gefiedert, farnähnlich, sommergrün, hellgrün, 30–45 cm lang. Einzelblättchen 1 cm lang.
Blüte: Disymmetrisch, glockenförmig, 4–5 cm, hellblau, in endständigen, bis 20 cm langen Rispen. Blüht nur in wintermilden Gebieten.
Frucht: Flache Kapsel braun, 5–6 cm groß.
Standort: Hell, auch sonnig, Warmhauspflanze.
Verwendung: Topfpflanze für warme Wintergärten, im Kübel auch sommers im Freien. Überwinterung im Kalthaus nicht unter 12 °C.
Vermehrung: Aussaat bei 25 °C nach der Ernte.
Kultur: In Einheitserde, bei gleichmäßiger Feuchtigkeit und regelmäßiger Düngung.

| H: 4–7 | II–IX | 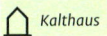 Kalthaus | 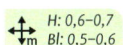 H: 0,6–0,7 Bl: 0,5–0,6 | I–XII | 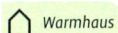 Warmhaus |

Jasminum polyanthum

Jasmin
Oleaceae, Ölbaumgewächse

Heimat: Westchina. Mediterran.
Wuchsform: Spreizklimmer.
Blatt: Gegenständig, unpaarig gefiedert, eiförmig, immergrün, 1–7 cm lang.
Blüte: Radiär, sternförmig, röhrig, 1–2 cm breit, weiß mit rosafarbenem Rand, in Rispen, reich blühend und duftend.
Frucht: Beere, selten zu sehen.
Standort: Sonnig bis halbschattig, in humosen Böden.
Verwendung: Sehr gute Schlingpflanze im Topf (Gitter), Terrasse, Wintergarten. Kalthauspflanze. Übersteht Fröste bis -5 °C.
Vermehrung: Stecklinge im Frühling, nach dem Austrieb stutzen.
Kultur: In Einheitserde T, Substrat gleichmäßig feucht halten.
Ähnliche Art: *J. officinale* aus Iran und China.

Jatropha podagrica

Guatemalarhabarber
Euphorbiaceae, Wolfsmilchgewächse

Heimat: Mittelamerika. Tropisch, subtropisch.
Wuchsform: Aufrechter, sparriger Halbstrauch mit flaschenförmigen Stammverdickungen.
Blatt: Wechselständig, schildförmig, lang gestielt, gebuchtet, glänzend dunkelgrün, 10–20 cm lang.
Blüte: Radiär, klein, 5-zählig, hellrot, in endständiger, langstieliger Trugdolde.
Frucht: Kapsel.
Standort: Hell und sonnig, warm.
Verwendung: Zimmerpflanze, Wintergarten.
Vermehrung: Aussaat von frischen Samen, der gelegentlich gebildet wird.
Kultur: In Kakteenerde, nährstoffarm, durchlässig. Mit Wasser sparen. Ruhezeit im Winter einhalten, erst nach Austrieb gießen.
Hinweise: Temperatur stets über 18 °C halten.

H: 0,9–1,2 | I–XII | Warmhaus

H: 0,7–0,9
Bl: 0,6–0,8 | IV–IX | Warmhaus

Justicia brandegeana

Spornbüchschen, Garnelen-Justizie
Acanthaceae, Akanthusgewächse

Heimat: Mexiko. Tropisch.
Wuchsform: Aufrecht überhängender, vieltriebiger Strauch.
Blatt: Gegenständig, eiförmig, weichhaarig, immergrün, 5–7 cm lang.
Blüte: Disymmetrisch, 1–2 cm, weiß, unscheinbar. In hängenden, 10 cm langen Ähren mit braunroten Deckblättern.
Frucht: Kapsel.
Standort: Hell und luftig, keine volle Sonne im Sommer.
Verwendung: Zimmerpflanze, Wintergärten, Warmhauspflanze. Nicht frosthart.
Vermehrung: Kopfstecklinge im Frühling, nach der Bewurzelung pinzieren.
Kultur: In Einheitserde, im Sommer gleichmäßig gießen, sparsam im Winter.
Sorte: 'Yellow Queen', leuchtend gelb.

Justicia carnea

Jakobinie, Brasilianische Justizie
Acanthaceae, Akanthusgewächse

Heimat: Brasilien. Tropisch.
Wuchsform: Aufrechter, etwas steif wirkender Strauch. In der Heimat bis 2 m hoch.
Blatt: Gegenständig, breit lanzettlich, immergrün, flaumig behaart, dunkelgrün, bis 20 cm.
Blüte: Disymmetrisch, rachenförmig, 3–5 cm, fleischfarben, klebrig, in dichten, bis 12 cm langen, endständigen Ähren.
Frucht: Kapsel.
Standort: Hell, aber ohne direkte Sonne, hohe Luftfeuchtigkeit.
Verwendung: Reich-, aber kurzblütige Zimmerpflanze, Warmhausgewächs. Nicht frosthart.
Vermehrung: Kopfstecklinge von II–III, bei 22 °C Bodentemperatur bewurzeln lassen.
Kultur: In Einheitserde, nach dem Austrieb pinzieren. Substrat stets feucht halten, wöchentlich düngen. Rückschnitt in III.

H: 0,4–0,6 I–II Kalthaus

H: 1–3 II–III Warmhaus

Justicia rizzinii

Jakobinie, Rizzinis Justizie
Acanthaceae, Akanthusgewächse

Heimat: Brasilien. Tropisch.
Wuchsform: Dichter, überhängender Strauch.
Blatt: Gegenständig, breit lanzettlich, immergrün, dunkelgrün, 2–3 cm lang.
Blüte: Disymmetrisch, röhrenförmig, 2–3 cm lang, gelb-orangefarben in reich blühenden, lockeren, end- und achselständigen Ähren.
Frucht: Kapsel.
Standort: Hell, aber ohne direkte Sonne.
Verwendung: Reichblütige Zimmerpflanze, Kalthausgewächs. Nicht frosthart.
Vermehrung: Kopfstecklinge von II–III, bei 22 °C Bodentemperatur bewurzeln lassen.
Kultur: In Einheitserde, nach dem Austrieb pinzieren. Substrat stets feucht halten, wöchentlich düngen.
Hinweise: Nach der Blütezeit im Winter zurückschneiden. Auf Blattläuse achten.

Kalanchoe beharensis

Elefantenohr, Napoleons Hut
Crassulaceae, Dickblattgewächse

Heimat: Madagaskar. Tropisch, subtropisch.
Wuchsform: Breit aufrechte, locker strauchförmige Sukkulente.
Blatt: Gegenständig, dreieckig, graufilzig behaart, immergrün, 10–30 cm lang.
Blüte: Radiär, glockig, bis 1 cm groß, wachsgelb, in Trugdolden, wenig auffällig, nur an älteren Pflanzen zu sehen.
Frucht: Kapsel.
Standort: Vollsonnig, magere und trockene Plätze.
Verwendung: Kübelpflanze, Sukkulentensammlung.
Vermehrung: Aussaat im Frühling, auch Kopf- und Blattstecklinge.
Kultur: In Kakteenerde, sonnig und trocken halten.
Hinweise: Die filzigen Blätter nicht besprühen.

H: 0,15–0,4 II–V Kalthaus

H: 0,2–0,8 II Kalthaus

Kalanchoe blossfeldiana
Flammendes Käthchen
Crassulaceae, Dickblattgewächse

Heimat: Madagaskar. Tropisch, subtropisch.
Wuchsform: Breit gedrungener, sukkulenter Halbstrauch.
Blatt: Gegenständig, eiförmig, gekerbt, dickfleischig, immergrün, dunkelgrün, 2–7 cm lang.
Blüte: Radiär, röhrig, 4–6 mm breit, 4-zählig, in endständigen Trugdolden, reich blühend. Farben rot, rosa, auch gelb.
Frucht: Kapsel.
Standort: Vollsonnig, trocken und warm.
Verwendung: Lange und reich blühende Zimmerpflanze, Schalen, Beete. Frostfrei überwintern.
Vermehrung: Kopfstecklinge in sandiges Substrat (20–25 °C).
Kultur: Kakteenerde oder ähnliches, durchlässiges Substrat, ganzjährig sparsam gießen (Ruhezeit von I–V einhalten), im Sommer ab Mai düngen (phosphorreich).

Kalanchoe tomentosa
Filzige Kalanchoe, Katzenohr
Crassulaceae, Dickblattgewächse

Heimat: Madagaskar. Tropisch, subtropisch.
Wuchsform: Aufrechter, sukkulenter Halbstrauch.
Blatt: Gegenständig, elliptisch, graufilzig, immergrün, hellgrau mit braunen Rändern, dickfleischig, 5–7 cm lang.
Blüte: Radiär, Röhrenblüte, 2–3 cm, 5-zählig, gelbgrün, blüht in Kultur fast nie.
Frucht: Kapsel.
Standort: Vollsonnig, trocken und warm.
Verwendung: Zimmerpflanze, Sammlungen. Frostfrei überwintern.
Vermehrung: Blattstecklinge bei 20–25 °C in sandigem Substrat bewurzeln lassen.
Kultur: Kakteenerde oder ähnliches, durchlässiges Substrat, ganzjährig sparsam gießen. Ruhezeit von I–V einhalten.
Hinweise: Anspruchslose, auffällige Art.

| 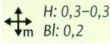 H: 0,3–0,35
Bl: 0,2 | IV–X | 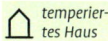 temperiertes Haus | H: 3–4 | VI–X |  Kalthaus |

Kohleria amabilis

Kohlerie, Gleichsaum
Gesneriaceae, Gesneriengewächse

Heimat: Kolumbien. Tropisch.
Wuchsform: Aufrechter, dicht buschiger, krautiger Rhizombilder.
Blatt: Gegenständig, eiförmig, weich behaart, grün, 12–18 cm lang.
Blüte: Disymmetrisch, röhrig, 2–3 cm, 5-zählig, rot mit weißen Flecken, in endständigen Trauben.
Frucht: Kapsel (selten).
Standort: Halbschattig, keine direkte Sonne, feuchtwarm, im Winter kühler und trockener.
Verwendung: Zimmerpflanze mit leuchtenden Blüten, Vitrine.
Vermehrung: Teilung der schuppenförmigen Rhizome im Frühling beim Umtopfen.
Kultur: In Einheitserde, Zusatz von Perlite günstig, Substrat stets feucht halten. Mit weichem Wasser gießen.

Lagerstroemia indica

Kreppmyrte, Kräuselmyrte
Lythraceae, Weiderichgewächse

Heimat: China, Korea. Subtropisch.
Wuchsform: Breit aufrechter Kleinbaum. In der Heimat bis 8 m hoch wachsend.
Blatt: Gegenständig, oval, grün, im Herbst gelb bis rot, 3–6 cm lang.
Blüte: Radiär, gestielt, 5-zählig, rot-rosa, gekräuselt in endständigen Rispen.
Frucht: Kapsel.
Standort: Sonnige, geschützte Lagen.
Verwendung: In Kübeln auf der sonnigen Terrasse. Vor dem Frost ins Kalthaus bringen.
Vermehrung: Krautige Stecklinge im Sommer. Aussaat im Frühling.
Kultur: In nährstoffreichen Erden, öfters gießen und düngen.
Sorten: 'Catawba', purpur; 'Seminole', violett.
Hinweise: Im März kräftiger Rückschnitt erforderlich. Auf Mehltau achten.

 H: 7–10   IV–V   kühle Räume   H: 2–3   VI–VIII 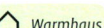 Warmhaus

Laurus nobilis

Lorbeerbaum
Lauraceae, Lorbeergewächse

Heimat: Mittelmeergebiet. Mediterran.
Wuchsform: Breit aufrechter Baum.
Blatt: Wechselständig, dunkelgrün, elliptisch, glänzend, immergrün, aromatisch duftend, 5–10 cm lang.
Blüte: Radiär, 1 cm, 4-zählig, mattgelb, zweihäusig, in Büscheln.
Frucht: Beere mit Steinkern, blauschwarz, 2 cm.
Standort: Halbschattig, auch sonnig, im Sommer im Freien. Im Winter bei 1–6 °C überwintern.
Verwendung: Kübelpflanze für Dekoration, Wintergärten, Formschnitt.
Vermehrung: Kopfstecklinge im Herbst, bei 20 °C bewurzeln lassen, kühl überwintern.
Kultur: Humose Erden mit Sand vermagern, mäßig feucht halten, hell und luftig, Düngung im Frühling.
Besonderes: Heil- und Gewürzpflanze.

Leea sambucina

Leea
Leeaceae, Leeagewächse

Heimat: Ostasien bis Australien. Tropisch.
Wuchsform: Aufrechter Strauch.
Blatt: Wechselständig, elliptisch, mehrfach gefiedert, immergrün, glänzend grün, 30–40 cm lang, Einzelblättchen 5–7 cm lang.
Blüte: Einzelblüten klein, gelbgrün, schirmförmige Dolde ähnlich *Vitis*, in Kultur sehr selten.
Frucht: Beere.
Standort: Absonnig bis halbschattig, Warmhauspflanze, liebt Feuchtigkeit.
Verwendung: Hübsche, aber seltene Pflanze für das geschlossene Blumenfenster.
Vermehrung: Kopfstecklinge, Aussaat bei 25 °C.
Kultur: Humose, durchlässige Erde, z. B. Einheitserde. Ballen nicht austrocknen lassen, verträgt keine Staunässe.
Hinweise: Im Winter bei mindestens 16 °C hell platzieren (Bild: *Leea coccinea*).

 H: 0,02–0,04 m   IX  Kalthaus   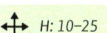 H: 10–25 m   VI–VIII 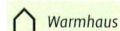 Warmhaus

Lithops meyeri
Lebende Steine
Aizoaceae, Eiskrautgewächse

Heimat: Südafrika: Nördliches Kap. Subtropisch.
Wuchsform: Flache, gedrungene und langsam wachsende Sukkulente. In der Heimat den Boden selten überragend.
Blatt: Gegenständig, Pflanzenkörper besteht aus nur 2 verdickten Blättern, oben abgeflacht, graugrün mit brauner Zeichnung, 2–3 cm groß.
Blüte: Radiär, 1–2 cm, mit vielen schmalen Blütenblättern, hellgelb. Erscheint zwischen den beiden Blättern. Im südlichen Afrika in III.
Frucht: Runde Kapsel.
Standort: Volle Sonne in durchlässigem, steinigem Substrat (Quarz).
Verwendung: Fensterbrett, Sukkulentensammlung, spezielle Liebhaberpflanze.
Vermehrung: Aussaat, Samen nicht abdecken.
Kultur: Wasser nur von unten zuführen. Keine Düngung. Ruhezeit beachten.

Livistona australis
Australische Livingstonpalme
Arecaceae, Betelpalmengewächse

Heimat: Australien: Neusüdwales, Queensland, Victoria. Tropisch, subtropisch.
Wuchsform: Aufrechter, durchgehender Stamm mit breiter Krone.
Blatt: Schraubig gestellt, immergrün, fächerförmig, tief geschlitzt, glänzend, Enden hängen herab. Blatt mit gelben Mittelnerven, 1–1,5 m breit. Blattstiel 2–3 m lang, gezähnt.
Blüte: Radiär, 3-zählig, in langer, gelber Rispe, anfangs wollig eingehüllt.
Frucht: Steinfrucht, 1–2 cm lang, rot-schwarz.
Standort: Sonnig und warm, im Winter im Warmhaus hell und luftig.
Verwendung: Bei uns als Kübelpflanze sommers im Freien. Verträgt Frost bis zu -6 °C.
Vermehrung: Aussaat der gequollenen Samen.
Kultur: In lehmig-humosen Böden, viel Wasser und Nährstoffe günstig.

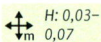 H: 0,03–0,07 m VI–VII Kalthaus   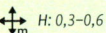 H: 0,3–0,6 m III–V Kalthaus

Lobivia famatinensis

Lobivie
Cactaceae, Kakteengewächse

Heimat: Argentinien. Subtropisch.
Wuchsform: Kugeliger Körper mit Rübenwurzeln.
Blatt: Umgebildet zu Dornen.
Blüte: Radiär, röhrenförmig mit Blütenschale, 3–5 cm, gelb.
Frucht: Beere.
Standort: Vollsonnig, warm und trocken.
Verwendung: Fensterbrett, Sammlungen. Im Sommer im Freien.
Vermehrung: Aussaat im Frühling, Abtrennen der Seitensprosse.
Kultur: In Kakteenerde, Staunässe vermeiden. Tiefe Töpfe verwenden (Rübenwurzeln).
Hinweise: Blätter völlig reduziert. Pflanze assimiliert mit dem Spross. Die Temperaturunterschiede zwischen Tag und Nacht sind günstig für die Blütenbildung.

Lotus berthelotii

Hornklee
Fabaceae, Hülsenfrüchtler

Heimat: Kanaren: Teneriffa. Submediterran.
Wuchsform: Horst bildend, krautig, liegend bis überhängend. Triebe können bis 1 m lang werden.
Blatt: Wechselständig, sommergrün, nadelförmig, graugrün, 1–2 cm lang.
Blüte: Disymmetrisch, Schmetterlingsblüte mit schnabelförmigem Schiffchen, 3–4 cm, rot, in achselständigen Büscheln. Nachblüte im Herbst möglich.
Frucht: Hülse. Werden selten ausgebildet.
Standort: Sonnig und warm, trocken.
Verwendung: Ampelpflanze, für Kübel. Im Winter ins Kalthaus bringen.
Vermehrung: Stecklinge von Frühling bis Sommer, auch Aussaat.
Kultur: Einheitserde nie austrocknen lassen.
Ähnliche Art: *L. maculatus*, Kanaren, gelb.

 H: 1–3 m   VI–VIII   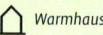 Warmhaus   H: 2–3 m (bis 5)   XII–II    Kalthaus

Lytocaryum weddellianum

Kokospälmchen, Zimmer-Kokospalme
Arecaceae, Betelpalmengewächse

Heimat: Brasilien. Tropisch.
Wuchsform: Säulenförmig, Krone schirmförmig.
Blatt: Schraubig gestellt, linealisch, unpaarig gefiedert, fein, immergrün.
Blüte: Radiär, 3-zählig, unscheinbar, gelb.
Frucht: Steinfrucht, gelborange, 2–3 cm.
Standort: Hell und warm, keine direkte Sonne.
Verwendung: Topf- und Kübelpflanze, gut im Schatten.
Vermehrung: Aussaat der gequollenen Samen bei 20–25 °C Bodenwärme.
Kultur: In Einheitserde mit Sandbeigabe, immer gut feucht halten. Gelegentlich mit kalkfreiem Wasser übersprühen.
Hinweise: Zierliche und schwach wachsende Art, Schildlausbefall möglich.

Malvaviscus arboreus

Gewöhnliche Beerenmalve
Malvaceae, Malvengewächse

Heimat: Südamerika. Tropisch.
Wuchsform: Breiter, aufrecht buschiger Strauch.
Blatt: Wechselständig, eiförmig lanzettlich, 3- bis 5-lappig, immergrün, 6–12 cm lang.
Blüte: Radiär, röhrig, 3–5 cm, 5-zählig, hängend, rot, Griffel herausragend.
Frucht: Spaltfrucht.
Standort: Hell bis sonnig.
Verwendung: Kübelpflanze, Gewächshaus, Wintergarten. Im Sommer im Freien, im Winter im Kalthaus.
Vermehrung: Kopfstecklinge oder Aussaat im Frühling.
Kultur: Einheitserde mit Sand vermagern, stets feucht halten. In der Ruhezeit trockener und kühler stellen.
Hinweise: Im Frühling Triebe zurückschneiden.

 H: 0,05–0,07   V   Kalthaus   H: 6–9   VI–X   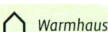 Warmhaus

Mammillaria zeilmanniana

Warzenkaktus, Muttertags-Mammillarie
Cactaceae, Kakteengewächse

Heimat: Mexiko. Subtropisch.
Wuchsform: Kugelförmige, langsam wachsende Sukkulente mit warzenartigen Areolen (1 gekrümmte, braune und 11–23 weiße, gerade Dornen).
Blüte: Radiär, röhrig, 2 cm, violettrot, reich blühend.
Frucht: Beere.
Standort: Vollsonnig, warm.
Verwendung: Fensterbrett, Kakteensammlung.
Vermehrung: Aussaat im Frühling, Ableger.
Kultur: In mineralischer Kakteenerde, wenig gießen und düngen.
Hinweise: Wurzelläuse und Spinnmilben gelegentlich bekämpfen. Viele weitere Arten.

Mandevilla sanderi

Brasil-Jasmin, Dipladenie
Apocynaceae, Hundsgiftgewächse

Heimat: Brasilien. Tropisch.
Wuchsform: Kräftig wachsender Schlinger.
Blatt: Gegenständig, eiförmig, immergrün, dunkelgrün glänzend, 8–14 cm lang.
Blüte: Radiär, trichterförmig, 5–7 cm, 5-zählig, rosa, Schlund gelb, in Trauben.
Frucht: Kapsel.
Standort: Sonnig bis halbschattig.
Verwendung: Sehr schöner Schlinger für geschlossene Blumenfenster, Gewächshaus. Warmhaus.
Vermehrung: Kopfstecklinge im Frühling, Milchsaft vor dem Stecken stoppen (Wasserbad), Bewurzelungshormon verwenden.
Kultur: Saure Substrate wie TKS 2, regelmäßig wässern und düngen.
Sorten: 'Rosea', rosa; 'Rubiniana', rot, noch größere Blüten.

| 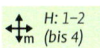 H: 1–2 (bis 4) | IV–IX | 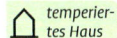 temperiertes Haus | 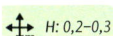 H: 0,2–0,3 | IV–V |  Warmhaus |

Manettia luteorubra

Manettie
Rubiaceae, Krappgewächse

Heimat: Brasilien, Paraguay, Uruguay. Subtropisch, tropisch.
Wuchsform: Schlingend bis 4 m.
Blatt: Gegenständig, breit lanzettlich, immergrün, 5–8 cm lang.
Blüte: Radiär, röhrig-bauchig, 2 cm lang, gelbrot, achselständig.
Frucht: Kapsel.
Standort: Hell und warm, keine pralle Sonne.
Verwendung: Kletterpflanze für Gerüste im Wintergarten, Kübel mit Kletterhilfe. Im Winter im temperierten Haus halten.
Vermehrung: Kopfstecklinge unter Glas bei 20 °C Bodenwärme bewurzeln lassen.
Kultur: In Einheitserde, mäßig feucht halten.
Hinweise: Rückschnitt im Frühling vornehmen. Selten angebotene Art, blüht nicht auffällig.

Maranta leuconeura

Bunte Pfeilwurz
Marantaceae, Pfeilwurzgewächse

Heimat: Nordbrasilien. Tropisch.
Wuchsform: Aufrecht übergeneigte, Horst bildende Staude.
Blatt: Wechselständig, eiförmig, lang gestielt, immergrün, grün mit roten Adern oder braunen Flecken, 10–15 cm lang.
Blüte: Disymmetrisch, 1 cm, unscheinbar, weiß, selten.
Frucht: Kapsel.
Standort: Absonnig bis schattig.
Verwendung: Schalen, als Unterwuchs im Blumenfenster. Warmhauspflanze.
Vermehrung: Teilung und Kopfstecklinge.
Kultur: In Einheitserde P oder TKS 1 (Anzuchterden), hohe Luftfeuchtigkeit, Erde nicht austrocknen lassen, auch nicht im Winter. Nur mit weichem Wasser gießen.
Sorte: 'Erythroneura' (Bild), rote Blattadern.

 H: 1–1,5   II–VIII   Warmhaus   H: 2–3   V–VIII 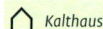 Kalthaus

Medinilla magnifica

Medinille
Melastomataceae, Schwarzmundgewächse

Heimat: Philippinen. Tropisch.
Wuchsform: Aufrechter, später überhängender Epiphyt.
Blatt: Gegenständig, herz-eiförmig, immergrün, lederig, 15–30 cm lang, grün.
Blüte: Radiär, 0,5 cm, rosa, in dichten, hängenden, bis 30 cm langen Rispen; rosa Tragblätter auffällig.
Frucht: Beere.
Standort: Hell, aber keine direkte Sonne.
Verwendung: Große, auffallende Topfpflanze für geschlossene Blumenfenster und warme Wintergärten.
Vermehrung: Kopfstecklinge von Frühling bis Sommer bei 30–35 °C Bodenwärme.
Kultur: In humosen Substraten oder Einheitserde, stets feucht halten, im Winter mäßig gießen.

Melia azedarach

Zederachbaum, Paternosterbaum
Meliaceae, Zederachgewächse

Heimat: Südwest-Asien. Mediterran, subtropisch, tropisch.
Wuchsform: Breit ausladender, mehrstämmiger Baum. In der Heimat bis 17 m hoch.
Blatt: Wechselständig, eiförmig, doppelt unpaarig gefiedert, sommergrün, im Herbst gelb, 30–50 cm lang, Einzelblatt 3–5 cm lang.
Blüte: Radiär, sternförmig, 1,5 cm, rosa-lila, in bis 25 cm langer Rispe.
Frucht: Beere, gelb, 1 cm groß, mit hartem Kern.
Standort: Vollsonnig und warm, hell.
Verwendung: Kübelpflanze, sommers im Freien, im Winter im Kalthaus. Nicht winterhart.
Vermehrung: Aussaat im Frühling.
Kultur: Lehmig-sandiger Boden, stets feucht halten
Sorte: 'Umbraculifera', flache Krone.
Hinweise: In Südeuropa wichtiger Straßenbaum.

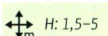 H: 1,5–5   V–VII XII–I  Kalthaus   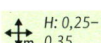 H: 0,25–0,35   IV–VII 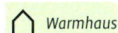 Warmhaus

Metrosideros excelsa

Eisenholzbaum
Myrtaceae, Myrtengewächse

Heimat: Neuseeland. Subtropisch, mediterran.
Wuchsform: Breit aufrechter, oft mehrstämmiger Baum. In der Heimat bis 20 m hoch.
Blatt: Wechselständig, elliptisch, immergrün, derb, grün, unterseits weißfilzig, 6–8 cm lang.
Blüte: Radiär, 2 cm, lange, rote Staubgefäße in Büscheln.
Frucht: Kapsel.
Standort: Sonnig bis halbschattig.
Verwendung: Kübelpflanze für das Kalthaus. Im Sommer im Freien.
Vermehrung: Kopfstecklinge im Sommer bei 20–25 °C Bodentemperatur, Bewurzelungshormone verwenden.
Kultur: In kalkfreiem, humosem Substrat, auch Einheitserde, mit Regenwasser gießen und im Sommer regelmäßig düngen. Nicht austrocknen lassen.

Miltonia 'Strawberry Joy'

Miltonie
Orchidaceae, Orchideengewächse

Heimat: Züchtung, Ursprungsarten aus Südamerika. Tropisch.
Wuchsform: Epiphytisch, kurze, flache Pseudobulben.
Blatt: Aus Pseudobulben entstehend, meist 3 Blätter je Bulbe, immergrün, linealisch, 10–15 cm lang.
Blüte: Disymmetrisch, breit und flach, 5–8 cm, rot mit weißer Mitte.
Frucht: Kapsel.
Standort: Hell bis halbschattig, verträgt keine direkte Sonne.
Verwendung: Topfpflanze, Blumenfenster.
Vermehrung: Teilung der Horste.
Kultur: In durchlässigem Orchideensubstrat aus Farnwurzeln, Rindenschrot, Styromull. Hohe Luftfeuchtigkeit, Warmhauspflanze, nicht über 25 °C. Nur mit kalkfreiem Wasser gießen.

H: 0,3–0,5   IV–X   Warmhaus

H: 2–5   VI–VIII   Warmhaus / Kalthaus

Mimosa pudica

Mimose, Sinnpflanze
Mimosaceae, Mimosengewächse

Heimat: Brasilien. Tropisch.
Wuchsform: Zierlicher, lockerer, breit ausladender Halbstrauch, Stängel mit wenigen Stacheln, einjährige Kultur.
Blatt: Wechselständig, immergrün, linealisch, paarig gefiedert. Blattfaltung bei Berührung.
Blüte: Radiär, klein, Köpfchen mit vielen feinen Strahlen, 1–1,5 cm, hellrosa.
Frucht: Hülse.
Standort: Hell, Temperatur stets über 20 °C, hohe Luftfeuchtigkeit.
Verwendung: Topfpflanze für Zimmer, Vitrinen.
Vermehrung: Aussaat im Frühling, mehrere Sämlinge in einen Topf pflanzen.
Kultur: Einheitserde ganzjährig feucht, aber nicht nass halten, wöchentlich düngen. Wird meist einjährig kultiviert, also keine Überwinterung nötig. Mit Regenwasser gießen.

Monstera deliciosa

Fensterblatt
Araceae, Aronstabgewächse

Heimat: Mexiko, Mittelamerika. Tropisch.
Wuchsform: Lockerwüchsiger rasch wachsender Kletterer mit vielen Luftwurzeln.
Blatt: Wechselständig, in der Jugend herzförmig, später durchlöchert und fiederig gelappt, immergrün, dunkelgrün, 0,4–1 m lang.
Blüte: Blütenkolben von weißer Spatha umgeben, 25 cm lang.
Frucht: Violette Beeren an rotem Kolben, essbar, in Kultur selten.
Standort: Hell bis halbschattig, benötigt hohe Luftfeuchtigkeit.
Verwendung: Zimmerpflanze für große Räume.
Vermehrung: Kopf- und Stammstecklinge, auch Abmoosen möglich.
Kultur: In Einheitserde, benötigt viel Wasser und Nährstoffe. Im Winter weniger.
Sorte: 'Variegata', weiß-grün geflecktes Laub.

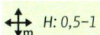 H: 0,5–1   VII 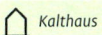 Kalthaus 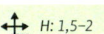 H: 1,5–2   I–XII 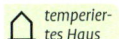 temperiertes Haus

Muehlenbeckia complexa

Mühlenbeckie, Weißfrüchtiger Drahtstrauch
Polygonaceae, Knöterichgewächse

Heimat: Neuseeland. Subtropisch.
Wuchsform: Feintriebiges, kriechend-rankendes, auch überhängendes Gehölz. In der Heimat bis 5 m weit kletternd.
Blatt: Wechselständig, halbimmergrün, eirund, 1,5–2 cm groß.
Blüte: Radiär, sternförmig, 3–5 mm, grünweiß, in bis zu 3 cm großen Ähren.
Frucht: Weiße Beerenfrucht mit schwarzem Nüsschen.
Standort: Hell, aber nicht sonnig, Kalthauspflanze.
Verwendung: Bodendecker oder Ampelpflanze für Wintergärten. Kühl und hell überwintern.
Vermehrung: Stecklinge im Sommer, auch Aussaat im Frühling.
Kultur: In humosem Substrat mit Sandzusatz.

Musa acuminata

Zwerg-Banane, Zierbanane
Musaceae, Bananengewächse

Heimat: Südost-Asien. Subtropisch, tropisch.
Wuchsform: Aufrechte, raschwüchsige Staude.
Blatt: Stängelumfassend, immergrün, elliptisch, bläulich grün, 1,2–1,5 m lang.
Blüte: Zygomorph, röhrenförmig, 3 cm, gelb, in Büscheln unter einem rotbraunen Deckblatt.
Frucht: Beerenartig, 9–15 cm lang, grün, bei der Reife gelb, essbar, wohlschmeckend.
Standort: Hell bis sonnig, aber windgeschützt.
Verwendung: Für große Wintergärten, Kübel, sommers im Freien. Hell und kühl überwintern.
Vermehrung: Schösslinge nach der Fruchtbildung abtrennen und eintopfen.
Kultur: In nährstoffreichen Humusböden, benötigt viel Wasser und Nährstoffe.
Sorte: 'Dwarf Cavendish', ähnlich der Kulturbanane, aber kürzere Früchte.
Ähnliche Art: *M. basjoo*, winterhärter.

 H: 1–3   V–VIII   Kalthaus   H: 2–3   VI–VII    Kalthaus

Myrtus communis

Braut-Myrte
Myrtaceae, Myrtengewächse

Heimat: Mittelmeergebiete, Kanaren. Mediterran.
Wuchsform: Breit buschiger, fein verzweigter Strauch. In der Heimat bis 5 m hoch wachsend.
Blatt: Gegenständig, lanzettlich, immergrün, glänzend, 1–5 cm lang.
Blüte: Radiär, 5-zählige Schalenblüte, 2–3 cm, weiß, mit langen Staubgefäßen.
Frucht: Beere, blauschwarz, 1 cm, rund.
Standort: Sonnig bis halbschattig, warm, luftig.
Verwendung: Zimmer- und Kübelpflanze, Gewürz- und Arzneipflanze (Myrtenöl). Im Winter bei 5–10 °C halten.
Vermehrung: Aussaat und Stecklinge in VII.
Kultur: Saure, humose Substrate mit Sand vermischen, Ballentrockenheit vermeiden.
Sorten: Vielzahl von Varietäten und Sorten mit verschieden gefärbten Blättern und Früchten.

Nandina domestica

Himmelsbambus, Nandine
Berberidaceae, Berberitzengewächse

Heimat: Ostasien. Submediterran, subtropisch.
Wuchsform: Horst bildender, aufrechter Strauch.
Blatt: Gegenständig, lanzettlich, 2–3fach gefiedert, halbimmergrün, grün, im Frühling und Herbst rosa, 30–60 cm lang, Einzelblättchen 3–6 cm lang.
Blüte: Radiär, 5 mm, in lockeren, bis 35 cm langen Rispen, reich blühend.
Frucht: Beere, glänzend rot, 6–8 mm groß, lange haftend.
Standort: Sonnig bis halbschattig.
Verwendung: Zimmer- und Kübelpflanze für helle, ungeheizte Räume. (Im Winter im Kalthaus hell stellen.)
Vermehrung: Stecklinge, Bewurzelungshormon verwenden.
Kultur: In Einheitserde, reichlich gießen und mäßig düngen.

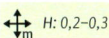 H: 0,2–0,3   I–XII   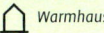 Warmhaus   H: 0,2–0,3   VI–XI    Warmhaus

Nematanthus glabra

Kussmäulchen
Gesneriaceae, Gesneriengewächse

Heimat: Brasilien. Tropisch.
Wuchsform: Buschiger, vieltriebiger, auch kriechend-überhängender Halbstrauch.
Blatt: Gegenständig, eiförmig, immergrün, glänzend, lederig, 2–3 cm lang.
Blüte: Disymmetrisch, bauchförmig, 2–3 cm groß, orangefarben, in den Blattachseln.
Frucht: Kapsel.
Standort: Schattig bis halbschattig, hohe Luftfeuchtigkeit.
Verwendung: Zimmerpflanze für warme Standorte, Vitrinen, Epiphytenstamm, Warmhauspflanze.
Vermehrung: Stecklinge von Frühling bis Sommer in Torf-Sand-Gemisch stecken.
Kultur: Einheitserde stets feucht halten, stutzen. Die Regenwaldpflanze braucht stets hohe Luft- und Bodenfeuchtigkeit.

Neoregelia carolinae

Neoregelie
Bromeliaceae, Bromeliengewächse

Heimat: Südost-Brasilien. Tropisch.
Wuchsform: Trichterförmige Rosette.
Blatt: Schraubig gestellt, linealisch, immergrün, glänzend, grün, übergeneigt, 30–40 cm lang. Mit weißen Streifen, in der Rosettenmitte oft rot gefärbt.
Blüte: Radiär, Sternblüte im Trichter, 1 cm, 3-zählige, violett.
Frucht: Beeren, erscheinen sehr selten bei uns, weil der Bestäuber fehlt.
Standort: Hell, feuchtwarm.
Verwendung: Geschlossenes Blumenfenster, auf Epiphytenstämmen, Warmhaus.
Vermehrung: Abtrennen der Seitentriebe.
Kultur: Torfsubstrat mit Styromull vermischen, wenig düngen. In den Blatttrichtern sollte stets Wasser stehen. Substrat stets feucht halten.
Sorte: 'Tricolor' (Bild), 3-farbiges Blatt.

H: 0,3–0,4 | VI–VIII | Warmhaus

H: 0,5–0,8 | - | Warmhaus

Nepenthes mirabilis

Kannenstrauch
Nepenthaceae, Kannenstrauchgewächse

Heimat: Südost-Asien, Nordost-Australien. Tropisch.
Wuchsform: Spreizklimmer mit aufrechten Trieben und überhängenden Kannen.
Blatt: Wechselständig, breit lanzettlich, immergrün, am Ende zu einer Kanne mit Deckel umgebildet. Darin ist eine Flüssigkeit, die Eiweiß auflöst, 40–50 cm lang. Fleischfressende Pflanze.
Blüte: Radiär, sternförmig, 1 cm, braunrot, in 40–50 cm langen Rispen, selten.
Frucht: Lederige, 4-teilige Kapsel.
Standort: Hell, keine direkte Sonne, hohe Wärme und Luftfeuchtigkeit. Wasser kalkfrei.
Verwendung: Ampelpflanze für Vitrinen.
Vermehrung: Aussaat, Keimdauer allerdings 2–3 Monate, Kopfstecklinge in I stecken.
Kultur: In Orchideensubstrat, stets feucht halten (Bild: *N. alata*).

Nephrolepis exaltata

Aufrechter Schwertfarn,
Nierenschuppenfarn
Nephrolepidaceae, Schwertfarngewächse

Heimat: Amerika. Tropisch.
Wuchsform: Aufrecht, ausläuferbildende Staude.
Blatt: Grundständig, lanzettlich gefiedert, immergrün, hellgrün 0,7–1 m lang.
Standort: Hell, halbschattig bis schattig.
Verwendung: Zimmerfarn für mäßig warme Räume, Blumenfenster, als Raumteiler. Nicht frosthart.
Vermehrung: Durch fadenförmige, lange Ausläufer, Teilung, auch Sporenaussaat im Frühling.
Kultur: In Einheitserde im Halbschatten bei etwa 20 °C, mäßige Düngung im Sommer, dauernde Luftfeuchtigkeit.
Sorten: 'Rooseveltii', groß; 'Teddy Junior', klein.
Hinweise: Auch in Hydrokultur möglich. Auf Schildläuse achten.

| H: 2–7 | V–IX | Kalthaus | H: 0,15–0,25 | V–VII | Warmhaus |

Nerium oleander

Oleander
Apocynaceae, Hundsgiftgewächse

Heimat: Mittelmeergebiete. Mediterran.
Wuchsform: Breit aufrechter, oft mehrstämmiger Strauch oder Baum.
Blatt: Quirlständig, lanzettlich, immergrün, dunkelgrün, 15–30 cm lang.
Blüte: Radiär, trichterförmig, 3–5 cm, 5-zipfelig, rosa, in endständigen Doldentrauben, duftend.
Frucht: Balgfrucht braun, Samen behaart.
Standort: Vollsonnig, warm.
Verwendung: Kübel- und Zimmerpflanze, in der Heimat als Straßenbaum. Im Winter hell und frostfrei bei 5–8 °C.
Vermehrung: Stecklinge im Sommer bewurzeln sich leicht.
Kultur: In nährstoffreichen, durchlässigen Substraten, hoher Wasserbedarf.
Sorten: Unzählige Sorten in vielen Farben.
Hinweise: Alle Pflanzenteile sind stark giftig!

Nertera granadensis

Korallenmoos
Rubiaceae, Krappgewächse

Heimat: Mittel- und Südamerika, Neuseeland, Australien. Subtropisch, mediterran.
Wuchsform: Mattenförmige, Polster bildende, krautige Pflanze.
Blatt: Gegenständig, rund, hellgrün, 3–4 mm groß.
Blüte: Unscheinbar, 3 mm, grünlich, an endständigen Trieben.
Frucht: Beere leuchtend orangefarben, 7–8 mm groß.
Standort: Halbschatten bis Schatten.
Verwendung: Bodendecker im geschlossenen Blumenfenster, einzeln in Schalen. Frostfrei.
Vermehrung: Teilung ganzjährig möglich.
Kultur: In Einheitserde oder sandiger Torferde, stets feucht halten.
Hinweise: Wird nur wegen der auffallenden Früchte kultiviert. Auf Blattläuse achten.

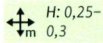 H: 0,25–0,3 m 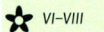 VI–VIII Warmhaus   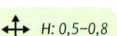 H: 0,5–0,8 m V–VI 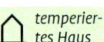 temperiertes Haus

Nidularium fulgens
Nestrosette
Bromeliaceae, Bromeliengewächse

Heimat: Ostbrasilien. Tropisch.
Wuchsform: Trichter bildende Rosette.
Blatt: Schraubig, breit lanzettlich, blaugrün gefleckt, mit starker Randzahnung, 20–30 cm lang, 4–5 cm breit.
Blüte: Radiär, röhrig, 1–2 cm, weiß, von leuchtend roten Hochblättern umgeben.
Frucht: Beere, blauviolett.
Standort: Hell, aber nicht sonnig.
Verwendung: In geschlossenen Blumenfenstern, auf Epiphytenstämmen. Im Winter nicht unter 18 °C.
Vermehrung: Durch Seitensprosse (Kindel), diese werden abgetrennt und eingetopft.
Kultur: In Nadelerde-Torf-Sandgemisch, stets feucht halten (Wasser kalkfrei). Liebt Wärme und hohe Luftfeuchtigkeit. Wenig düngen, in der Rosette soll immer Wasser stehen.

Nopalxochia phyllanthoides
Blattkaktus, Phyllokaktus
Cactaceae, Kakteengewächse

Heimat: Mexiko. Tropisch.
Wuchsform: Aufrechte bis überhängende Sukkulente, klettert mit Haftwurzeln. Triebe blattartig abgeflacht, wenig bedornt, dunkelgrün.
Blüte: Radiär, schalenförmig, 8–10 cm breit, rosa, rot, gelb.
Frucht: Beere, erscheint selten.
Standort: Halbschattig, hohe Luftfeuchtigkeit.
Verwendung: Als Epiphyt an Stämmen oder in großen Kübeln.
Vermehrung: Stecklingsvermehrung durch Abtrennen der Triebe, Schnittwunden 2–3 Wochen trocknen lassen.
Kultur: In Einheitserde mit Sandzusatz. Ruhezeit im Winter einhalten.
Sorten: 'Ackermannii', rot; 'Dante', gelb.

H: 0,2–0,3 | III–IV | Kalthaus

H: 0,2–0,3 | III–IV | Kalthaus

Notocactus ottonis

Buckelkaktus
Cactaceae, Kakteengewächse

Heimat: Nordost-Argentinien, Südparaguay. Subtropisch, tropisch.
Wuchsform: Kugelförmig bis zylindrische, langsamwüchsige Sukkulente mit 6–13 Rippen.
Blatt: Umgebildet zu wenigen Dornen.
Blüte: Radiär, strahlenförmig, 4–6 cm, tiefgelb.
Frucht: Beere.
Standort: Hell, verträgt volle Sonne.
Verwendung: Topfpflanze für das Fensterbrett, Kakteensammlungen.
Vermehrung: Aussaat im Frühling, Saatgut nicht abdecken.
Kultur: In Kakteenerde mit Lehmzusatz, nie ganz austrocknen lassen, auch nicht im Winter. Mit Regenwasser gießen.
Hinweise: Blätter völlig reduziert. Pflanze assimiliert mit dem Spross. Auf Woll- und Wurzelläuse achten.

Notocactus scopa

Buckelkaktus
Cactaceae, Kakteengewächse

Heimat: Südbrasilien. Subtropisch, tropisch.
Wuchsform: Kugelförmige bis zylindrische, langsamwüchsige Sukkulente.
Blatt: Umgebildet zu weichen Dornen.
Blüte: Radiär, strahlenförmig, 3–4 cm, hellgelb.
Frucht: Beere.
Standort: Hell bis sonnig, aber keine Mittagssonne vertragend.
Verwendung: Topfpflanze für das Fensterbrett, Kakteensammlungen.
Vermehrung: Aussaat im Frühling, Saatgut nicht abdecken.
Kultur: In Kakteenerde mit Lehmzusatz, nie ganz austrocknen lassen, auch nicht im Winter. Mit Regenwasser gießen.
Hinweise: Blätter völlig reduziert. Pflanze assimiliert mit dem Spross. Einfach zu pflegende Art. Auf Woll- und Wurzelläuse achten.

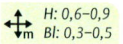 H: 0,6–0,9 Bl: 0,3–0,5   III–VII   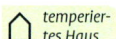 temperiertes Haus   H: 6–9   IV–VI   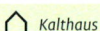 Kalthaus

Odontoglossum spectatissimum

Odontoglossum
Orchidaceae, Orchideengewächse

Heimat: Gebirge Kolumbiens. Tropisch.
Wuchsform: Lockerhorstige Epiphyte mit Pseudobulben.
Blatt: Aus 10 cm langen Pseudobulben entspringend, linealisch, immergrün, 30–45 cm lang.
Blüte: Disymmetrisch, 4–5 cm, 6-teilig, gelb mit braun-roten Flecken, an langer Traube.
Frucht: Kapsel.
Standort: Hell, aber nicht vollsonnig.
Verwendung: Blumenfenster, Vitrine.
Vermehrung: Abtrennen der Bulben.
Kultur: Orchideensubstrat aus Farnwurzeln und Rindenstücken, hohe Luftfeuchtigkeit, Wurzeln dürfen nicht austrocknen. Tags 20 °C, nachts kühler, winters nicht unter 12 °C. Regenwasser.
Sorte: 'Paradiese', gelb-braun gefleckt (Bild).

Olea europaea

Ölbaum, Olive
Oleaceae, Ölbaumgewächse

Heimat: Mittelmeergebiet. Mediterran.
Wuchsform: Breiter, dichtkroniger Baum mit unregelmäßigem Wuchs.
Blatt: Gegenständig, immergrün, schmal elliptisch, blaugrün, glänzend, unterseits silbern beschuppt, 3–8 cm lang.
Blüte: Radiär, 3–4 mm, 4-zählig, gelbweiß.
Frucht: Steinfrucht, oliv bis schwarz, 2–3 cm lang, liefert Olivenöl.
Standort: Sonnig und warm.
Verwendung: Kübelpflanze für das Kalthaus, im Sommer im Freien, winters +5 °C.
Vermehrung: Stecklinge im Sommer, Aussaat.
Kultur: In durchlässigem, lehmigem Substrat, im Sommer regelmäßig düngen.
Sorte: 'Bonita', Kultursorte.
Besonderes: Der Ölbaum ist seit Jahrtausenden die wichtigste Nutzpflanze im Mittelmeergebiet.

H: 0,5–0,6 Bl: 0,25 XI–III Kalthaus

H: 0,4–0,8 VII–VIII Kalthaus

Oncidium ornithorhynchum

Vogelschnabel-Oncidie
Orchidaceae, Orchideengewächse

Heimat: Mittelamerika. Tropisch, subtropisch.
Wuchsform: Aufrechte, locker wachsende Epiphyte.
Blatt: Linealisch, immergrün, 25 cm lang, aus 6 cm langen Pseudobulben.
Blüte: Disymmetrisch, 2 cm, rosafarben, zu vielen an langer, verzweigter Rispe, überhängend.
Frucht: Kapsel.
Standort: Hell und kühl bis temperiert, stammt aus Regenwäldern in 1500 m Höhe.
Verwendung: Am Epiphytenstamm.
Vermehrung: Teilung der Pseudobulben im Frühling.
Kultur: Durchlässiges Rindenmaterial oder Orchideensubstrat, hohe Luftfeuchtigkeit.
Hinweise: Ruhezeit nach der Blüte einhalten.

Ophiopogon jaburan

Schlangenbart
Convallariaceae, Maiglöckchengewächse

Heimat: Japan, Riukiu-Inseln. Gemäßigt, subtropisch.
Wuchsform: Aufrecht bis überhängende, zierliche, grasähnliche Staude.
Blatt: Grundständig, linealisch, immergrün, 40–80 cm lang, 1 cm breit.
Blüte: Radiär, glöckchenförmig, 6–8 mm, weiß bis lila, an langem Blütenstand.
Frucht: Beere, lila.
Standort: Hell bis schattig, keine direkte Sonne.
Verwendung: Bodendecker für Wintergärten, anspruchslose Topfpflanze. Im Sommer auch draußen.
Vermehrung: Teilung im Frühling.
Kultur: Einheitserde, stets mäßig feucht halten, im Sommer um 20 °C, im Winter nicht über 15 °C.
Sorte: 'Variegatus', Laub weiß gestreift.

 H: 0,15–0,25 m VII–VIII 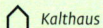 Kalthaus   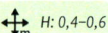 H: 0,4–0,6 m VI–VIII 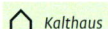 Kalthaus

Ophiopogon japonicus

Japanischer Schlangenbart
Convallariaceae, Maiglöckchengewächse

Heimat: Ostasien. Subtropisch, gemäßigt.
Wuchsform: Horstige, aufrechte, leicht übergeneigte Staude.
Blatt: Grundständig, linealisch, immergrün, 15–20 cm lang.
Blüte: Radiär, sternförmig, 5 mm, blasslila, in Blütentrauben, selten.
Frucht: Beere.
Standort: Halbschattig, kühl.
Verwendung: Bodendecker, Unterpflanzung in Vitrinen, anspruchslose Topfpflanze. Nicht frosthart. Im Winter Temperatur mindestens 10 °C.
Vermehrung: Teilung im Frühling.
Kultur: Einheitserde stets mäßig feucht halten.
Sorte: 'Minor', nur 15 cm hoch.
Hinweise: Auf Blasenfüße (Thrips) und Rote Spinne achten.

Opuntia microdasys

Hasenohr-Feigenkaktus, Gold-Opuntie
Cactaceae, Kakteengewächse

Heimat: Nordmexiko. Subtropisch, tropisch.
Wuchsform: Breit aufrechte Sukkulente mit kleinen blattartigen Gliedern ohne große Dornen, Glochiden gelb oder weiß.
Blatt: Umgebildet zu Glochiden, das sind Borsten mit Widerhaken.
Blüte: Radiär, röhrig, 4–5 cm breit, blassgelb, nur bei älteren Pflanzen.
Frucht: Fleischige Beere, selten.
Standort: Vollsonnige Lagen in mageren Böden.
Verwendung: Einzeln als Topfpflanze am Fensterbrett oder in Sammlungen, Profi-Glashaus.
Vermehrung: Abtrennen der Blattglieder, erst nach einigen Tagen in Substrat stecken.
Kultur: In Kakteenerde mit etwas Lehmzusatz, mäßig gießen und düngen.
Sorte: 'Albispina', weiße Glochiden.
Hinweise: Ruhezeit im Winter einhalten.

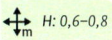 H: 0,6–0,8 II–III 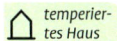 temperiertes Haus   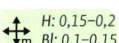 H: 0,15–0,2 Bl: 0,1–0,15 VII–IX 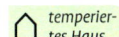 temperiertes Haus

Oreopanax nymphaeifolius

Bergaralie
Araliaceae, Araliengewächse

Heimat: Guatemala. Tropisch.
Wuchsform: Aufrechter Strauch mit etagenförmiger Krone.
Blatt: Wechselständig, breit oval, lang gestielt, immergrün, glänzend 10–12 cm lang.
Blüte: Radiär, 5-zählig, klein, weiß, in Dolden, selten zu sehen.
Frucht: Beere.
Standort: Benötigt viel Licht, keine volle Sonne.
Verwendung: Zimmerpflanze mit mäßigen Temperaturansprüchen, auch im Winter.
Vermehrung: Kopfstecklinge bei hoher Bodenwärme stecken (Bewurzelungshormone).
Kultur: In lehmig-humoser Erde oder Einheitserde.
Hinweise: Widerstandsfähige Grünpflanze.

Oxalis tetraphylla

Glücksklee
Oxalidaceae, Sauerkleegewächse

Heimat: Mexiko. Subtropisch, mediterran.
Wuchsform: Büschelig wachsende, krautige Pflanze mit Wurzelknollen.
Blatt: Herzförmig, 4-teilig, grün mit braunrotem Fleck, 4–6 cm groß.
Blüte: Radiär, trichterförmig, 1,5–2 cm, 5-zählig, rosarot, in doldenartigen Büscheln an langen Stielen über dem Laub.
Frucht: Kapsel, schleudert reife Samen aus.
Standort: Hell, aber nicht vollsonnig.
Verwendung: Topfpflanze für das Fensterbrett, im Sommer auch im Freien. Pflanze ist sehr frostempfindlich.
Vermehrung: Durch Brutknollen im Herbst.
Kultur: Knollen ab X für Neujahr eintopfen und 6–8 °C warm stellen, später bei 12–14 °C halten, für Freilandbeete ab Mai auspflanzen. Substrat durchlässig und humos, Einheitserde mit Sand.

H: 1–2 | VI–VIII | temperiertes Haus

H: 0,25–0,4 | III–X | Warmhaus

Pachypodium lamerei
Dickfuß, Madagaskarpalme
Apocynaceae, Hundsgiftgewächse

Heimat: Madagaskar. Subtropisch.
Wuchsform: Aufrecht sparriger, stark bedornter Baum mit keulenartig verdicktem Stammfuß. In der Heimat bis 8 m hoch.
Blatt: Wechselständig, linealisch, schopfartig am Triebende, dunkelgrün, 25–40 cm lang.
Blüte: Radiär, schalenförmig, 3–4 cm, 5-zählig, weiß, in Trugdolden, Duft.
Frucht: Kapsel, Samen mit Flughaaren.
Standort: Sonnig bis vollsonnig, trocken.
Verwendung: Solitär in Sukkulentenecken im Wintergarten, Zimmerpflanze.
Vermehrung: Aussaat im Frühling.
Kultur: In durchlässigem Substrat, nur mäßig gießen, wenn Blätter vorhanden. Im Herbst Ruhezeit einhalten.
Hinweise: Die ganze Pflanze ist **stark giftig**, Milchsaft nicht in die Augen bringen!

Pachystachys lutea
Gelbe Dickähre
Acanthaceae, Akanthusgewächse

Heimat: Peru. Tropisch.
Wuchsform: Aufrecht, steifer Halbstrauch.
Blatt: Gegenständig, breit lanzettlich, immergrün, mattgrün, 9–12 cm lang.
Blüte: Disymmetrisch, 2 cm, Lippenblüte weiß, erscheint zwischen den gelben Deckblättern in Ähren über dem Laub.
Frucht: Kapsel.
Standort: Hell und luftig, liebt hohe Luftfeuchtigkeit.
Verwendung: Reich blühende Zimmerpflanze mit langer Wirkung durch die gelben Ähren. Warmhauspflanze.
Vermehrung: Kopfstecklinge im Frühling.
Kultur: In TKS 2 oder Einheitserde T, stets mäßig feucht halten, im Winter trockner. Nach Austrieb Triebe stutzen.
Hinweise: Im Vorfrühling Rückschnitt sinnvoll.

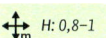 H: 0,8–1   VI–VIII   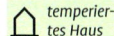 temperiertes Haus   H: 3–4   VI–VIII   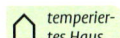 temperiertes Haus

Pandanus tectorius

Schraubenbaum
Pandanaceae, Schraubenbaumgewächse

Heimat: Polynesien. Tropisch.
Wuchsform: Aufrechter Baum. Im Alter bildet der Stamm Stelzwurzeln. In der Heimat bis 20 m hoch.
Blatt: Schraubig am Stamm angeordnet, linealisch, immergrün, dunkelgrün mit weißen Streifen, am Rande bestachelt, 60 cm lang, 5–8 cm breit.
Blüte: Blüten- und Kelchblätter fehlen, männliche Blüte mit weißem Hochblatt (Spatha), weibliche Blüten in ananasähnlichen Blütenständen.
Frucht: Mehrsamige Beere in Kugelform.
Standort: Hell bis halbschattig, feucht.
Verwendung: Im Wintergarten auspflanzen.
Vermehrung: Abtrennen von bewurzelten Seitensprossen; Samenaussaat sofort nach der Ernte bei mindestens 25 °C Bodentemperatur.
Kultur: In humosem Substrat, Einheitserde.

Pandanus utilis

Schraubenbaum
Pandanaceae, Schraubenbaumgewächse

Heimat: Madagaskar. Tropisch.
Wuchsform: Aufrechter Baum. Im Alter bildet der Stamm Stelzwurzeln. In der Heimat bis 10 m hoch.
Blatt: Schraubig am Stamm angeordnet, linealisch, immergrün, olivgrün, am Rande rot bestachelt, 1–2 m lang, 5–10 cm breit.
Blüte: Blüten- und Kelchblätter fehlen, männliche Blüte mit weißem Hochblatt (Spatha), weibliche Blüten in ananasähnlichen Blütenständen.
Frucht: Mehrsamige Beere in Kugelform.
Standort: Hell bis halbschattig, feucht.
Verwendung: Einzelstand als Topfpflanze, besser im Wintergarten auspflanzen.
Vermehrung: Kopfstecklinge in Sand-Torfgemisch stecken, Samen 24 Stunden einweichen.
Kultur: In humosem Substrat, Einheitserde stets feucht halten. Im Sommer mäßig düngen.

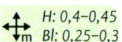 H: 0,4–0,45 Bl: 0,25–0,3   II–III   Warmhaus 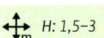 H: 1,5–3   VI–IX   Kalthaus

Paphiopedilum callosum

Venusschuh
Orchidaceae, Orchideengewächse

Heimat: Kambodscha, Laos, Thailand. Tropisch.
Wuchsform: Aufrechte, erdbewohnende Orchidee ohne Speicherorgane.
Blatt: 2-zeilig angeordnet, linealisch, immergrün, hellgrün mit dunkler Marmorierung, leicht übergeneigt, bis 25 cm lang, 5 cm breit.
Blüte: Disymmetrisch, Lippe pantoffelförmig, 5 cm lang, bis 10 cm breit, grün-weiß mit braunen Streifen, Stiel über 40 cm lang.
Frucht: Kapsel mit vielen staubfeinen Samen.
Standort: Halbschattig, keine direkte Sonne.
Verwendung: Blumenfenster, auch Schnitt.
Vermehrung: Teilung beim Umpflanzen.
Kultur: In Substrat aus Rindenstücken, Farnwurzeln und Sphagnum. Immer mit Regenwasser feucht halten, schwach düngen, Temperatur mindestens 18 °C, im Sommer auch höher. Ganzjährig hohe Luftfeuchtigkeit.

Passiflora caerulea

Blaue Passionsblume
Passifloraceae, Passionsblumengewächse

Heimat: Südamerika: Südbrasilien, Argentinien, Paraguay. Subtropisch, tropisch.
Wuchsform: Sprossranker mit dünnen Trieben. In der Heimat bis 7 m hoch.
Blatt: Wechselständig, 5- bis 7-lappig, grün, 10–15 cm breit.
Blüte: Radiär, Schalenblüte mit Strahlenkranz, 8–9 cm, 3-teilige Narbe, blau mit weiß, achselständig.
Frucht: Beere orangefarben, 5–6 cm, eiförmig.
Standort: Hell, auch sonnig, luftig, warm.
Verwendung: Reich blühende Zimmerpflanze für Wintergärten. Im Winter bei 8–15 °C kultivieren.
Vermehrung: Stecklinge von III–IV, 25 °C Bodentemperatur.
Kultur: Einheitserde nicht austrocknen lassen, jährlich umpflanzen, oft düngen.
Sorte: 'Kaiserin Eugenie', Blüten violett.

 H: 1–2   IX–V 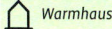 Warmhaus   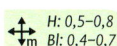 H: 0,5–0,8 / Bl: 0,4–0,7   IV–VI 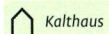 Kalthaus

Pavonia multiflora

Pavonie
Malvaceae, Malvengewächse

Heimat: Brasilien. Tropisch.
Wuchsform: Aufrechter, locker buschiger Strauch.
Blatt: Wechselständig, lanzettlich, immergrün, 15–25 cm lang, grün, glänzend.
Blüte: Radiär, knospenförmig, 1–2 cm, purpur, umgeben von hellrotem Hüllkelch, korbförmig, vielteilig, 2–3 cm groß, endständig, auffällig.
Frucht: Spaltfrucht 5-fächerig.
Standort: Hell, ohne direkte Sonne, hohe Luftfeuchtigkeit.
Verwendung: Topfpflanze, Schnittpflanze, Warmhausgewächs.
Vermehrung: Stecklinge von III–VIII, später stutzen. Bei Stecklingen Bewurzelungshormon verwenden.
Kultur: In humosem Substrat, dauernd feucht, nie nass. Im Winter kühler und trockener halten.

Pelargonium grandiflorum

Edel-Pelargonie
Geraniaceae, Storchschnabelgewächse

Heimat: Südafrika: Kap, Namibia. Mediterran, subtropisch.
Wuchsform: Aufrecht buschiger Strauch mit fleischigem Stängel.
Blatt: Wechselständig, handförmig, am Rand gezähnt, grün, 6–10 cm breit.
Blüte: Disymmetrisch, 4–5 cm, 5-zählig, rot, rosa, weiß, mit dunklen Flecken, in Dolden.
Frucht: Spaltfrucht.
Standort: Sonnig, luftig, winters 10–12 °C.
Verwendung: Auffällige Zimmerpflanze mit großen Blüten. Im Sommer ins Freie.
Vermehrung: Kopfstecklinge im Sommer, auch Aussaat möglich.
Kultur: Einheitserde, im Sommer gleichmäßig feucht halten, wöchentlich düngen.

H: 0,4–1 | VI-VIII | Kalthaus
H: 0,2–0,3 | - | Kalthaus

Pelargonium graveolens

Rosen-Pelargonie
Geraniaceae, Storchschnabelgewächse

Heimat: Südafrika: Kap. Mediterran, subtropisch.
Wuchsform: Aufrecht buschiger Strauch.
Blatt: Wechselständig, handförmig, fiederteilig gezähnt, behaart, grün, duftet nach Zitrone, 8–10 cm lang.
Blüte: Disymmetrisch, 1–2 cm, zartlila, in langstieligen Dolden. Blüte remontiert.
Frucht: Spaltfrucht.
Standort: Hell und sonnig, ganzjährig im Zimmer halten.
Verwendung: Dankbare Zimmerpflanze, im Winter kühl halten (Kalthaus).
Vermehrung: Kopfstecklinge im Sommer.
Kultur: In mit Sand vermischter Einheitserde, Rückschnitt der Triebe im Frühling, bei Bedarf umtopfen.
Hinweise: Widerstandsfähige Zimmerpflanze.

Pellaea rotundifolia

Rundblättriger Klippenfarn
Adiantaceae, Frauenhaarfarngewächse

Heimat: Neuseeland, Norfolkinseln. Subtropisch.
Wuchsform: Buschig überhängende, Horst bildende Staude.
Blatt: Wechselständig, immergrün, Wedel. 20–30 cm lang, Einzelblättchen rundlich, grün, 1–2 cm lang.
Standort: Halbschattig bis schattig, hohe Luftfeuchtigkeit.
Verwendung: Kalthausgewächs für Vitrinen, Blumenfenster und Schalen.
Vermehrung: Sporenaussaat im Frühling auf sterilen Weißtorfsoden. Auch Teilung.
Kultur: Substrat aus Heide-, Lauberde und Torf, oder Einheitserde. Substrat stets mäßig feucht halten, wenig düngen. Im Winter hell und trockener stellen.
Hinweise: Empfindlich gegen zu trockene Luft.

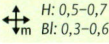 H: 0,5–0,7 Bl: 0,3–0,6   IX–I   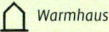 Warmhaus

Pentas lanceolata

Stern von Ägypten, Pente
Rubiaceae, Krappgewächse

Heimat: Afrika, Arabische Halbinsel. Tropisch.
Wuchsform: Aufrechter Halbstrauch.
Blatt: Gegenständig, elliptisch, immergrün, behaart, dunkelgrün, 5–15 cm lang.
Blüte: Radiär, röhrenförmig, 3 cm, 5-zählig, rot, auch weiß und rosa, in endständigen Trugdolden. Ganzjährig möglich.
Frucht: Kapsel.
Standort: Hell, sonnig bis halbschattig.
Verwendung: Reich blühende Zimmerpflanze, Schnittpflanze. Warmhauspflanze.
Vermehrung: Stecklinge im Frühling, öfters stutzen; auch Aussaat möglich.
Kultur: In Einheitserde, stets mäßig feucht halten, im Winter nicht austrocknen lassen. Regenwasser verwenden. Im Sommer um 20 °C, im Winter bei 10–15 °C halten.
Hinweise: Wird mit Hemmstoffen behandelt.

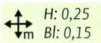 H: 0,25 Bl: 0,15   IV–XII   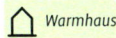 Warmhaus

Peperomia caperata

Gerunzelte Peperomie, Zwergpfeffer
Piperaceae, Pfeffergewächse

Heimat: Brasilien. Tropisch.
Wuchsform: Dichte, gedrungene, Horst bildende Staude.
Blatt: Grundständig, herzförmig, lang gestielt, immergrün, runzelig, fleischig, Blattstiel rötlich, 2–4 cm lang.
Blüte: Klein, ohne Kelch- und Blütenblätter, cremeweiß, in Ähren über dem Laub.
Frucht: Beere.
Standort: Absonnig bis halbschattig, warm.
Verwendung: Schalen, als Bodendecker für Vitrinen.
Vermehrung: Stecklinge von IV–VIII in Sand-Torf-Mischung.
Kultur: Einheitserde stets mäßig feucht halten, im Frühling umtopfen.
Sorte: 'Variegata', panaschiertes Laub.
Besonderes: Robuste Zimmerpflanze.

H: 0,15–0,3 | IV–XII | Warmhaus

H: 0,8–1 | VI–VIII | Kalthaus

Peperomia obtusifolia

Fleischige Peperomie, Zwergpfeffer
Piperaceae, Pfeffergewächse

Heimat: Südamerika. Tropisch.
Wuchsform: Dichte, gedrungene, Horst bildende Staude.
Blatt: Grundständig, eiförmig, immergrün, fleischig, glänzend, 5–8 cm lang.
Blüte: Klein, ohne Kelch- und Blütenblätter, blassgrün, in Ähren.
Frucht: Beere.
Standort: Hell, aber nicht vollsonnig, warm.
Verwendung: Schalen, als Bodendecker für Vitrinen.
Vermehrung: Stecklinge von IV–VIII in Sand-Torf-Mischung.
Kultur: Einheitserde stets mäßig feucht halten, im Frühling umtopfen.
Sorte: 'USA', kräftig gelbgrünes; 'Variegata' (Bild), hellgelbgrün panaschiertes Laub.
Hinweise: Auf Rote Spinne achten.

Pereskia aculeata

Barbadosstachelbeere, Pereskie
Cactaceae, Kakteengewächse

Heimat: Amerika. Subtropisch, tropisch.
Wuchsform: Spreizklimmer mit Klammerdornen in den Blattachseln. In warmen Gebieten bis 10 m hoch kletternd.
Blatt: Wechselständig, breit lanzettlich, sommergrün, gelbgrün gefleckt, dickfleischig, 6–9 cm lang.
Blüte: Radiär, sternförmig, 4–5 cm, hellrosa, duftet nach Zitronen.
Frucht: Beere, gelb, 2 cm groß, essbar.
Standort: Hell bis vollsonnig, im Winter Ruhezeit, Kalthauspflanze.
Verwendung: Zimmer- und Kübelpflanze, für Wintergärten als Kletterer.
Vermehrung: Grünstecklinge nicht abtrocknen lassen, in Sand-Torfgemisch stecken.
Kultur: In Kakteenerde mit Humuszusatz, mäßig gleßen, kaum düngen.

H: 0,3–0,45 | II–IX | Kalthaus

H: 0,4–0,7 Bl: 0,15–0,2 | X–IV | Warmhaus

Pericallis × hybrida

Garten-Zinerarie
Asteraceae, Asterngewächse

Heimat: Kanaren. Mediterran.
Wuchsform: Aufrechte, buschige Staude.
Blatt: Wechselständig, herz-eiförmig, Rand gezähnt, sattgrün, 8–12 cm lang.
Blüte: Radiär und zungenförmig, klein, weiß, rosa, purpur, lila, blau, Köpfchen 2–3 cm breit, in Doldentrauben über dem Laub.
Frucht: Achäne.
Standort: Sonnig und luftig bei 16–18 °C.
Verwendung: Topfpflanze mit reicher Blüte für kühlere Plätze, im Winter 10–14 °C.
Vermehrung: Aussaat VIII–X im Kalthaus, Keimzeit 2 Wochen.
Kultur: Einheitserde stets feucht halten, wöchentliche Düngung, im Winter weniger.
Hinweise: Abgeblühte Pflanzen kommen auf den Kompost. Auf Blattläuse achten. Viele Sorten in allen möglichen Farben außer Gelb.

Phalaenopsis amabilis

Malayenblume, Nachtfalterorchidee
Orchidaceae, Orchideengewächse

Heimat: Malayischer Archipel, Neuguinea, Australien: Queensland. Tropisch.
Wuchsform: Epiphytische, locker wachsende Orchidee mit fleischigen Haftwurzeln.
Blatt: 2-teilig gestellt, elliptisch, immergrün, 20–30 cm lang.
Blüte: Disymmetrisch, spornlos, bis zu 10 cm breit, rosa, Sorten von weiß bis rot, an bis zu 70 cm langer Rispe.
Frucht: Kapsel mit staubfeinen Samen.
Standort: Hell bis halbschattig, aber keine direkte Sonne.
Verwendung: Blumenfenster und Wintergärten.
Vermehrung: Kindel an den Blütenrispen abtrennen; Aussaat und Gewebekulturen.
Kultur: Rindenreiches Orchideensubstrat, hohe Luftfeuchtigkeit, gießen mit kalkfreiem Wasser, öfters mäßig düngen, nicht unter 15 °C.

 H: 2–4   VI–VIII 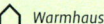 Warmhaus   H: 1–2   - 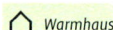 Warmhaus

Philodendron erubescens

Rotblättriger Baumfreund
Araceae, Aronstabgewächse

Heimat: Kolumbien. Tropisch.
Wuchsform: Kletterpflanze mit grünrotem Stamm.
Blatt: Wechselständig, immergrün, pfeilförmig, glänzend grün, unterseits rötlich, Deckblätter und junge Blätter rot gefärbt, 25–40 cm lang.
Blüte: Winzige Blüten an Kolben, weiße Spatha, selten.
Frucht: Kolben.
Standort: Hell bis halbschattig, warm, hohe Luftfeuchtigkeit.
Verwendung: Warmhauspflanze für Vitrinen, Wintergärten.
Vermehrung: Kopfstecklinge, benötigen hohe Bodenwärme.
Kultur: In Einheitserde, gleichmäßig feucht halten und düngen.
Sorte: 'Red Emerald', rötliche Stiele.

Philodendron hederaceum

Kletternder Baumfreund
Araceae, Aronstabgewächse

Heimat: Mexiko. Tropisch.
Wuchsform: Kletterpflanze mit dünnen Trieben und Haftwurzeln.
Blatt: Wechselständig, immergrün, herzförmig, glänzend grün, 8–14 cm lang, 5–9 cm breit, ältere Blätter können noch größer werden.
Blüte: Wird nur in den Tropen ausgebildet.
Frucht: Wird nur in den Tropen ausgebildet.
Standort: Hell bis halbschattig, warm, hohe Luftfeuchtigkeit.
Verwendung: Warmhauspflanze für Vitrinen und Ampeln.
Vermehrung: Kopfstecklinge, hohe Bodenwärme günstig zur Bewurzelung.
Kultur: In Einheitserde, gleichmäßig feucht halten und düngen.
Hinweise: Benötigt Kletterhilfe wie Moosstäbe. Auf Schildläuse achten.

| H: 0,8–1,2 | VI–VIII | Warmhaus | H: 0,6–1 | - | Warmhaus |

Philodendron pedatum

Baumfreund
Araceae, Aronstabgewächse

Heimat: Venezuela, Guayana, Nordbrasilien. Tropisch.
Wuchsform: Kletterpflanze mit zierlichem Stamm.
Blatt: Wechselständig, immergrün, 3-teilige Blattspreite mehrfach eingeschnitten, glänzend grün, unterschiedliche Blattformen, 25–30 cm lang.
Blüte: Winzige Blüten an Kolben, weiße Spatha.
Frucht: Kolben.
Standort: Hell bis halbschattig, warm, hohe Luftfeuchtigkeit.
Verwendung: Warmhauspflanze für Vitrinen, Wintergärten.
Vermehrung: Kopfstecklinge, benötigen hohe Bodenwärme.
Kultur: In Einheitserde, gleichmäßig feucht halten und düngen.

Phlebodium aureum

Goldener Hasenfußfarn, Tüpfelfarn
Polypodiaceae, Tüpfelfarngewächse

Heimat: Tropisches Amerika. Tropisch.
Wuchsform: Mit hellbraunen Rhizomen kriechende Staude mit überhängenden Wedeln.
Blatt: Grundständig, fiederspaltig, immergrün, glänzend bläulich grün, 0,6–1 m lang, bis 50 cm breit.
Frucht: Runde Sporenhäufchen (Sori) auf der Blattunterseite, gelb, rund.
Standort: Halbschattig bis schattig, mäßig feucht.
Verwendung: Zimmerpflanze, Wintergärten, Blumenfenster, Warmhauspflanze.
Vermehrung: Teilung der Rhizome, Aussaat der Sporen im Frühling.
Kultur: Humose Substrate (Einheitserde) gleichmäßig feucht halten. Rhizome mit gelbbraunen Haaren möglichst nicht bedecken.
Sorte: 'Mandaianum', krause Blattspitzen.

 H: 3–4   II–VI   kühle Räume   H: 3–4   II–VI   kühle Räume

Phoenix canariensis

Kanarische Dattelpalme
Arecaceae, Betelpalmengewächse

Heimat: Kanaren. Mediterran.
Wuchsform: Baum mit durchgehendem Stamm und schirmförmiger Krone. In der Heimat bis 18 m hoch.
Blatt: Schraubig gestellt, schwertförmige Blattspreite, unpaarig gefiedert, immergrün, bis 3 m lang. Einzelblatt graugrün, 20–30 cm lang.
Blüte: Radiär, 3-zählig, in bis zu 1 m langer, gelber Rispe.
Frucht: Fleischige Steinfrucht, orangefarben, eiförmig, 2 cm lang.
Standort: Hell und sonnig.
Verwendung: Einzeln im Kübel, für Wintergärten oder große Büros. Im Sommer auch im Freien, im Winter kühl halten.
Vermehrung: Samen vor der Aussaat im Wasser quellen lassen.
Kultur: Einheitserde mit Sandzusatz.

Phoenix dactylifera

Echte Dattelpalme
Arecaceae, Betelpalmengewächse

Heimat: Nordafrika. Subtropisch.
Wuchsform: Sparriger Baum mit durchgehendem Stamm und schirmförmiger Krone. In der Heimat bis 30 m hoch.
Blatt: Schraubig gestellt, schwertförmige Blattspreite bis 4 m lang, unpaarig gefiedert, immergrün, Einzelblatt grau, 30–40 cm lang.
Blüte: Radiär, 3-zählig, in bis zu 1 m langer, gelber Rispe.
Frucht: Fleischige Steinfrucht, orangefarben, eiförmig, 2–7 cm lang, süß, essbar.
Standort: Hell und sonnig.
Verwendung: Einzeln im Kübel, für Wintergärten. Im Sommer auch im Freien, im Winter kühl halten.
Vermehrung: Samen vor der Aussaat im Wasser quellen lassen.
Kultur: Einheitserde mit Sandzusatz.

| 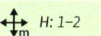 H: 1–2 | II–VI | 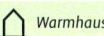 Warmhaus | 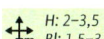 H: 2–3,5 Bl: 1,5–3 | VII–VIII | 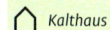 Kalthaus |

Phoenix roebelenii

Zwerg-Dattelpalme
Arecaceae, Betelpalmengewächse

Heimat: Laos. Tropisch.
Wuchsform: Mehrstämmiger Kleinbaum mit schirmförmiger, steifer Krone.
Blatt: Schraubig gestellt, schwertförmige Blattspreite, unpaarig gefiedert, immergrün, bis 150 cm lang. Einzelblatt grün, 15–20 cm lang, weich.
Blüte: Radiär, 3-zählig, in bis zu 1 m langer, gelber Rispe.
Frucht: Lederige Steinfrucht, schwarz, eiförmig, 1–2 cm lang.
Standort: Hell und sonnig.
Verwendung: Einzeln im Kübel, für Wintergärten. Im Sommer auch im Freien. Im Winter warm halten.
Vermehrung: Samen vor der Aussaat (Frühling) im Wasser quellen lassen.
Kultur: Einheitserde mit Sandzusatz.

Phormium tenax

Neuseeländischer Flachs
Phormiaceae, Neuseelandflachsgewächse

Heimat: Neuseeland, Norfolkinseln. Submediterran.
Wuchsform: Breit aufrechte, raschwüchsige, Ausläufer treibende Staude.
Blatt: 2-zeilig, schwertförmig, immergrün, dunkelgrün, 1–3 m lang, 5–12 cm breit.
Blüte: Disymmetrisch, röhrig, 3–4 cm lang, gelbrötlich, an langen Rispen.
Frucht: Kapsel.
Standort: Sonnig und warm.
Verwendung: Als Kübelpflanze auf sonnigen Terrassen, Innenhöfe. Im Winter im Kalthaus.
Vermehrung: Teilung im Frühling.
Kultur: In Einheitserde mit Sandzusatz, jährlich umtopfen, viel gießen und düngen, im Winter sparsamer.
Sorte: 'Atropurpureum', wie die Art, aber mit rötlichen Blättern.

 H: 3–5 VI–VIII 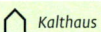 Kalthaus

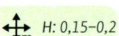 H: 0,15–0,2 VI–VIII  Warmhaus Kalthaus

Phyllostachys aurea

Goldrohrbambus, Knotenbambus
Poaceae, Rispengrasgewächse

Heimat: Ostasien. Gemäßigt, submediterran, subtropisch.
Wuchsform: Aufrecht bis übergeneigtes, Ausläufer bildendes Gras, Stamm 2–5 cm dick.
Blatt: 2-zeilig, lanzettlich, immergrün, gelbgrün, bis 10 cm lang.
Blüte: Unscheinbar, in endständiger Ähre, gelblich. Sehr selten ausgebildet. Einzelpflanze stirbt nach der Blüte ab.
Frucht: Karyopse.
Standort: Sonnig, warm, geschützt.
Verwendung: Wintergärten, Kübelpflanze, warme Plätze im Sommer im Freien. Überwinterung im Kalthaus.
Vermehrung: Abtrennen der bewurzelten Ausläufer, Teilung.
Kultur: In lockeren Gartenböden, benötigt viel Feuchtigkeit.

Pilea cadierei

Kanonierblume
Urticaceae, Brennnesselgewächse

Heimat: Nordvietnam. Tropisch.
Wuchsform: Aufrechte, dichte Horste bildende Staude.
Blatt: Gegenständig, eiförmig, immergrün, dunkelgrün mit silberweißen Flecken in 4 Reihen, 6–10 cm lang.
Blüte: Radiär, 3 mm, 4-zählig, weißgrün, unscheinbar.
Frucht: Nüsschen.
Standort: Hell bis halbschattig, warm.
Verwendung: Topf- und Schalenpflanze, Vitrinen. Nicht frosthart.
Vermehrung: Kopfstecklinge im Frühling, jährlich neu vermehren.
Kultur: Einheitserde mit Sandzusatz stets feucht halten, öfters düngen.
Hinweise: Der Pollen wird bei Reife explosionsartig weggeschleudert (Name!), Windbestäubung.

 H: 3–4　 VI–VIII　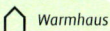 Warmhaus　 H: 1–2　 III–V　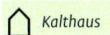 Kalthaus

Piper ornatum

Pfeffer
Piperaceae, Pfeffergewächse

Heimat: Sulawesi. Tropisch.
Wuchsform: Kriechende oder hängende Art, kletternd mit Haftwurzeln.
Blatt: Wechselständig, eiförmig zugespitzt, immergrün, grün mit rosa-weißer Maserung, glänzend, unterseits purpur, 8–10 cm lang.
Blüte: Winzig klein in Ähren, unscheinbar.
Frucht: Steinfrucht.
Standort: Hell bis halbschattig, keine direkte Sonne.
Verwendung: Kletterpflanze an Gerüsten oder höheren Sträuchern im Gewächshaus, Profi-Glashaus. Warmhauspflanze.
Vermehrung: Stecklinge ab Frühling in Torf-Sandsubstrat stecken.
Kultur: In Einheitserde mit Sandzusatz, stets warm und feucht halten.
Besonderes: *Piper nigrum*, Echter Pfeffer.

Pittosporum tenuifolium

Schmalblättriger Klebsame
Pittosporaceae, Klebsamengewächse

Heimat: Neuseeland. Subtropisch.
Wuchsform: Dichter, aufrechter, ausladender, übergeneigter Strauch. In der Heimat bis 9 m hoch.
Blatt: Wechselständig, elliptisch, immergrün, glänzend, 3–7 cm lang.
Blüte: Radiär, 1–1,5 cm, 5-zählig, rot-orangefarben, in endständigen Büscheln.
Frucht: Kapsel mit klebrigen Samen.
Standort: Hell, aber nicht sonnig.
Verwendung: Topfpflanze, in milden Gebieten als Formgehölz verwendet. Im Kalthaus bei mindestens 5 °C überwintern.
Vermehrung: Kopfstecklinge in VIII/IX.
Kultur: Humusreiches Substrat mit Sand vermischen, mäßig warm halten.
Sorten: 'Silver Queen', Blätter silbrig, 2–5 m; 'Sunburst', Blätter gelblich, 2–5 m; (Bild: 'Variegatum').

 H: 1–1,5   III–V   Kalthaus   H: 0,5–1   -   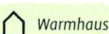 Warmhaus

Pittosporum tobira

Chinesischer Klebsame
Pittosporaceae, Klebsamengewächse

Heimat: China, Japan, Korea. Subtropisch.
Wuchsform: Dichter, aufrechter, ausladender, übergeneigter Strauch. In der Heimat bis 5 m hoch.
Blatt: Wechselständig, elliptisch, immergrün, glänzend, 10–12 cm lang.
Blüte: Radiär, 1,5–2,5 cm, 4- bis 5-zählig, blassgelb, in endständigen Trugdolden.
Frucht: Runde Kapsel mit klebrigen, schwarzen Samen.
Standort: Hell, aber nicht sonnig.
Verwendung: Kübelpflanze, in milden Gebieten für Hecken verwendet. Im Kalthaus bei mindestens 5 °C überwintern.
Vermehrung: Kopfstecklinge in VIII/IX unter Glas.
Kultur: Humusreiches Substrat mit Sand vermischen, mäßig warm halten.

Platycerium bifurcatum var. bifurcatum

Geweihfarn
Polypodiaceae, Tüpfelfarngewächse

Heimat: Neuguinea, Australien: Queensland. Tropisch.
Wuchsform: Bogig überhängend, epiphytisch an Bäumen wachsend.
Blatt: Grundständig, geweihförmig gefingert, immergrün, graugrün, fertil, 40–90 cm lang, an der Basis hellgrüne, später braune Nischenblätter (nicht entfernen).
Standort: Absonnig, warm, hohe Luftfeuchtigkeit.
Verwendung: Ampelpflanze in Orchideenkörbchen, Epiphytenstamm im Wintergarten.
Vermehrung: Abtrennen von Jungpflanzen oder Aussaat der Sporen.
Kultur: In grober Lauberde und Torf, dazu grobe Rindenstücke, benötigt viel Wärme, Substrat und Luft ständig feucht halten.

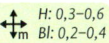 H: 0,3–0,6
Bl: 0,2–0,4
 VI–IX
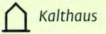 Kalthaus
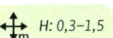 H: 0,3–1,5
 VI–VIII
 Kalthaus

Plectranthus scutellarioides

Buntnessel
Lamiaceae, Lippenblütler

Heimat: Philippinen. Tropisch.
Wuchsform: Aufrecht buschiger, Horst bildender Halbstrauch.
Blatt: Kreuzgegenständig, herzförmig, immergrün, dunkelrot mit heller Zeichnung, 8–15 cm.
Blüte: Disymmetrisch, lippenförmig, 1,5–2 cm, blassblau.
Frucht: Nüsschen.
Standort: Hell, aber nicht vollsonnig, erträgt auch Schatten.
Verwendung: Zimmer- und Balkonpflanze, im Sommer auch ausgepflanzt im Garten.
Vermehrung: Kopfstecklinge im Sommer.
Kultur: In humosem Substrat, anspruchslos.
Sorte: 'Britannia', weinrot; 'Heidegruss', gelbbraun-grün.

Pleioblastus variegatus

Zwergbambus
Poaceae, Rispengrasgewächse

Heimat: Japan. Mediterran, tropisch.
Wuchsform: Dicht buschiger Strauch, Ausläufer bildend, Stämme weiß gestreift.
Blatt: 2-zeilig, lanzettlich, immergrün, dunkelgrün, cremefarbene Streifen, 10–20 cm lang.
Blüte: Unscheinbar, in endständiger Ähre, gelblich. Sehr selten, Pflanze stirbt nach der Blüte ab.
Frucht: Karyopse.
Standort: Sonnig, warm, geschützt, Winterschutz erforderlich.
Verwendung: Wintergärten, Kübelpflanze, warme Plätze im Sommer im Freien. Überwinterung im Kalthaus.
Vermehrung: Abtrennen der bewurzelten Ausläufer, Teilung.
Kultur: In lockeren Gartenböden, benötigt viel Feuchtigkeit, auch hohe Luftfeuchtigkeit. Bild: *P. viridistriatus*.

H: 1–2 | V–X | Kalthaus

H: 1–2 | VI–XI | Warmhaus

Plumbago auriculata

Kap-Bleiwurz
Plumbaginaceae, Bleiwurzgewächse

Heimat: Südafrika. Mediterran, subtropisch.
Wuchsform: Sparrig, bogig überhängend, auch Spreizklimmer. In milden Lagen bis 4 m hoch und breit wachsend.
Blatt: Wechselständig, elliptisch, immergrün, hellgrün, 5–6 cm lang.
Blüte: Radiär, scheibenförmige Röhrenblüte, 2 cm, hellblau, in Ähren.
Frucht: Nuss.
Standort: Hell und sonnig, warm.
Verwendung: Zimmerpflanze, im Sommer Kübelpflanze im Freien. Überwinterung im Kalthaus (Rückschnitt).
Vermehrung: Kopfstecklinge im Sommer in Torf-Sandgemisch stecken.
Kultur: Einheitserde mit Sand vermischen, mäßig gießen und düngen.
Sorte: 'Alba', weiße Blüten.

Plumbago indica

Indischer Bleiwurz
Plumbaginaceae, Bleiwurzgewächse

Heimat: Indien, Südost-Asien. Tropisch, subtropisch.
Wuchsform: Sparrig, bogig überhängend, auch Spreizklimmer.
Blatt: Wechselständig, elliptisch, immergrün, hellgrün, 6–10 cm lang.
Blüte: Radiär, scheibenförmige Röhrenblüte, 2 cm, rot, in Ähren.
Frucht: Nuss.
Standort: Hell und sonnig, warm und feucht.
Verwendung: Empfindliche Zimmerpflanze, benötigt mehr Wärme und Feuchtigkeit. Überwinterung im Warmhaus.
Vermehrung: Kopfstecklinge im Sommer in Torf-Sandgemisch stecken.
Kultur: Einheitserde mit Sand vermischen, mäßig gießen und düngen.
Hinweise: Im Herbst stark zurückschneiden.

 H: 1–2   - 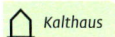 Kalthaus   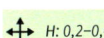 H: 0,2–0,4   VI–VIII  Warmhaus

Podocarpus macrophyllus

Gewöhnliche Tempel-Steineibe
Podocarpaceae, Steineibengewächse

Heimat: Südchina, Südjapan. Subtropisch.
Wuchsform: Dichter, aufrechter Strauch, nicht frosthartes Nadelgehölz. In der Heimat bis 15 m hoch wachsend.
Blatt: Schraubig, nadelförmig, immergrün, dunkelgrün, 12–18 cm lang.
Blüte: Unscheinbar, zweihäusig, gelb. In Kultur bei uns nicht zu sehen.
Frucht: Beerenartige Steinfrucht mit schwarzem Arillus.
Standort: Hell bis halbschattig, im Sommer auch im Freien.
Verwendung: Kübelpflanze, im Winter ins Kalthaus bringen. Kann leichte Fröste vertragen.
Vermehrung: Stecklinge im Sommer.
Kultur: Einheitserde, stets mäßig feucht halten, im Winter trockener.

Pogonatherum paniceum

Zimmerbambus, Katzengras
Poaceae, Rispengrasgewächse

Heimat: Nordost-Australien, Südost-Asien. Tropisch, subtropisch.
Wuchsform: Dicht buschiges, aufrechtes Gras.
Blatt: Wechselständig, linealisch, immergrün, 4–7 cm lang.
Blüte: Unscheinbar, gelblich, in Ähren, selten.
Frucht: Karyopse.
Standort: Hell, sonnig, warm.
Verwendung: Zierliche Topfpflanze für das Fensterbrett, Wintergarten.
Vermehrung: Teilung im Frühling.
Kultur: Einheitserde mäßig feucht halten, im Frühling umtopfen. Nicht austrocknen lassen. Alle 3 Wochen leichte Düngergaben ins Gießwasser geben.

H: 1–2 | VII–VIII | Warmhaus

Polyscias scutellaria

Glänzende Fiederaralie
Araliaceae, Araliengewächse

Heimat: Neukaledonien. Tropisch.
Wuchsform: Sparrig, locker, oft mehrstämmiger Strauch. In der Heimat bis 5 m hoch.
Blatt: Wechselständig, rundlich, immergrün, glänzend, 6–12 cm lang und breit.
Blüte: Radiär, klein, weiß, in bis 60 cm langen Rispen
Frucht: Beere.
Standort: Halbschattig, keine direkte Sonne, aber warm.
Verwendung: Zimmerpflanze, in der Heimat als Heckengehölz. Warm und etwas trockener überwintern.
Vermehrung: Aussaat im Frühling, Stecklinge im Sommer.
Kultur: Humusreiches Substrat wie Einheitserde, stets feucht halten.
Sorte: 'Pennockii', Blatt mit weißen Adern (Bild).

H: 0,7–1 | - | Kalthaus

Polystichum falcatum var. falcatum

Mondsichelfarn, Schildfarn
Dryopteridaceae, Wurmfarngewächse

Heimat: Indien, China, Japan, Malaiischer Archipel, auch Südafrika. Tropisch.
Wuchsform: Aufrecht übergeneigter, Horst bildender Farn.
Blatt: Grundständig, einfach gefiedert, immergrün, lederig derb, glänzend dunkelgrün, 0,7–1 m lang.
Standort: Schattig, keine direkte Sonne.
Verwendung: Wintergärten, Kalthauspflanze, im Winter bei 10–15 °C halten.
Vermehrung: Teilung der Rhizomwurzeln im Frühling, auch Sporenaussaat möglich.
Kultur: Humoses Torfsubstrat, auch Einheitserde, stets feucht halten. Im Sommer alle 3–4 Wochen düngen.
Hinweise: Hohe Luftfeuchtigkeit ist ideal.

| 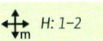 H: 1–2 | VI–VIII | 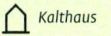 Kalthaus | 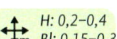 H: 0,2–0,4 Bl: 0,15–0,3 | XII–III | 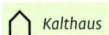 Kalthaus |

Portulacaria afra

Speckbaum
Portulacaceae, Portulakgewächse

Heimat: Südafrika. Subtropisch.
Wuchsform: Aufrechte, sparrige, strauchförmige Sukkulente. In der Heimat bis 4 m hoch.
Blatt: Gegenständig, oval, immergrün, fleischig, 1–2 cm lang.
Blüte: Radiär, 5 mm, hellrosa, wenig auffällig, in Rispen.
Frucht: Kapsel.
Standort: Vollsonnig.
Verwendung: Robuste Topfpflanze für das Zimmer, sommers im Freien.
Vermehrung: Stecklinge im Frühling, Schnittstellen einige Wochen abtrocknen lassen.
Kultur: In Lehm-Sand-Substrat, humusarm, wenig gießen.
Besonderes: In Afrika Futterpflanze für Elefanten, auch Heckenpflanze.
Weitere Art: *P. pygmaea* mit Caudexbildung (Bild).

Primula malacoides

Flieder-Primel, Braut-Primel
Primulaceae, Primelgewächse

Heimat: Südwest-China. Subtropisch.
Wuchsform: Rosette mit aufrechtem Blütenstand.
Blatt: Grundständig, verkehrt eiförmig, beidseitig behaart, hellgrün, 4–7 cm lang.
Blüte: Radiär, 1,5–2 cm, 5-zählig, weiß, rosa, rot, in Quirlen über dem Laub.
Frucht: Kapsel.
Standort: Hell, aber kühl.
Verwendung: Reich blühende Zimmerpflanze.
Vermehrung: Aussaat in VI–VII, feine Samen nicht abdecken. Keimdauer 20–30 Tage.
Kultur: Einheitserde P mit wenig Nährstoffen, stets feucht halten, Keimtemperatur um 16 °C, pikieren und kühl bei 10 °C überwintern. Keine Düngung erforderlich.
Sorte: Viele Sorten in zarten Farbtönen, 'Helena Karmin', karminrot.

 H: 0,15–0,3   I–XII   Kalthaus   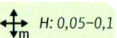 H: 0,05–0,1   III–IV   -

Primula obconica
Becher-Primel
Primulaceae, Primelgewächse

Heimat: China. Subtropisch.
Wuchsform: Rosette mit aufrechtem Blütenstand, kurzlebige, krautige Art.
Blatt: Grundständig, rund-herzförmig, beidseitig behaart, Rand gewellt, hellgrün, 6–10 cm lang, Blattstiel 20–30 cm lang. Allergie auslösende Pflanze.
Blüte: Radiär, 3–5 cm, 5-zählig, weiß, rosa, rot, in endständigen Dolden reich blühend.
Frucht: Kapsel.
Standort: Hell, aber kühl.
Verwendung: Zimmerpflanze für Töpfe und Schalen. Im Sommer nie über 20 °C.
Vermehrung: Aussaat in VII–VIII, feine Samen nicht abdecken. Keimdauer 20 Tage, Keimtemperatur um 16 °C, pikieren, kühl überwintern.
Kultur: Einheitserde P mit wenig Nährstoffen, stets feucht halten.

Primula vulgaris
Stängellose Primel
Primulaceae, Primelgewächse

Heimat: Europa, Kaukasus. Gemäßigt.
Wuchsform: Lockerhorstige Rosette mit aufrechtem Blütenstand.
Blatt: Grundständig, spatelig, am Rand gezähnt, grün, 10–12 cm lang.
Blüte: Radiär, trichterförmig, 3–4 cm, 5-zählig, weiß, rosa, rot.
Frucht: Kugelige Kapsel in bleichen Hüllblättern.
Standort: Hell und kühl, Halbschatten.
Verwendung: Zimmer- und Beetpflanze, Schalen, Friedhof, Balkon.
Vermehrung: Teilung, Aussaat im Vorfrühling.
Kultur: In humosem Substrat, Einheitserde P, stets feucht halten.
Hinweise: Nach der Blüte in den Garten verpflanzen. Durch Züchtung entstanden großblütige Hybriden in vielen Farbtönen, die im Spätherbst angeboten werden; auf Blattläuse achten.

 H: 4–8   IV–V   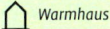 Warmhaus   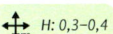 H: 0,3–0,4   -   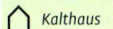 Kalthaus

Psidium guajava

Guave
Myrtaceae, Myrtengewächse

Heimat: Amerika. Subtropisch, tropisch.
Wuchsform: Aufrechter Kleinbaum oder Strauch.
Blatt: Gegenständig, immergrün, elliptisch, lederig, unterseits behaart, 15 cm lang.
Blüte: Radiär, weiß, groß, lange Staubfäden, in den Blattachseln.
Frucht: Rundliche Beere, 8 cm groß, grün, später gelb, essbar.
Standort: Sehr sonnig und warm.
Verwendung: Große Kübelpflanze für das Warmhaus. Nicht frosthart.
Vermehrung: Stecklinge im Sommer.
Kultur: In lehmig-humosen, nahrstoffreichen Substraten.
Besonderes: Frucht ist wohlschmeckend und vitaminreich, rosa Fruchtfleisch. Wird in subtropischen Ländern auch zu Fruchtsaft verarbeitet.
Hinweise: In vielen Tropenländern eingebürgert.

Pteris cretica

Kretischer Saumfarn
Pteridaceae, Saumfarngewächse

Heimat: Weltweit. Subtropisch, tropisch.
Wuchsform: Aufrechte bis überhängende, Horst bildende Staude.
Blatt: Grundständig, immergrün, unpaarig gefiedert, grün, 30 cm lang. Sori an der Unterseite des Blattrandes, saumartig, braun.
Standort: Halbschattig bis schattig bei hoher Luftfeuchtigkeit.
Verwendung: Zimmerpflanze, Unterwuchs in Vitrinen, Schalenbepflanzung, Bodendecker. Nicht frosthart.
Vermehrung: Sporen keimen bei 20–22 °C auf sterilem Torf.
Kultur: In Einheitserde P bei hoher Luft- und Bodenfeuchtigkeit, im Frühling umpflanzen. Staunässe vermeiden. Verträgt nur schwache Düngergaben.
Sorte: 'Wimsettii' (Bild), stark gefiedert.

H: 2–7 | V–IX | Kalthaus

Punica granatum

Granatapfel
Punicaceae, Granatapfelgewächse

Heimat: Südwest-Asien. Mediterran.
Wuchsform: Dichter, mehrtriebiger, leicht bedornter Strauch oder Kleinbaum.
Blatt: Gegenständig, elliptisch, grün, im Austrieb rotorange, im Herbst gelb, 2–8 cm lang.
Blüte: Radiär, 3–4 cm, rot, fleischiger Kelch, einfach oder gefüllt.
Frucht: Beeren kugelig, rötlichbraune Schale, 5–8 cm groß, sehr saftig und süß, Granatapfel, reift im Winter, Kerne eckig.
Standort: Sonnig und warm.
Verwendung: Kübelpflanze, im Mittelmeergebiet wichtige Obstart. Im Herbst ins Kalthaus bringen.
Vermehrung: Aussaat, Sorten durch Kopfstecklinge bei 25 °C Bodentemperatur.
Kultur: In Einheitserde, benötigt viel Wasser.
Sorte: 'Nanum', Zwergform, 70 cm hoch, rot.

H: 1–1,5 | VI–VIII | Kalthaus

Radermachera sinica

Zimmeresche
Bignoniaceae, Bignoniengewächse

Heimat: Südost-China. Subtropisch.
Wuchsform: Aufrechter Baum mit etagenförmiger Krone.
Blatt: Gegenständig, elliptisch, doppelt unpaarig gefiedert, immergrün, glänzend, bis 1 m lang, Einzelblättchen bis 5 cm lang.
Blüte: Disymmetrische Rachenblüte, hellgelb, an langer Rispe bei älteren Pflanzen.
Frucht: Kapsel bis zu 40 cm lang.
Standort: Hell und nicht zu warm, Jungpflanzen schattig kultivieren.
Verwendung: Zimmerpflanze, im Sommer auch in Kübeln auf der Terrasse. Im Winter ins Kalthaus bringen.
Vermehrung: Stecklinge oder aus frischen, eingeführten Samen.
Kultur: Einheitserde stets feucht halten, alle 2 Wochen im Sommer düngen.

| H: 0,05–0,08 m | V–VI | Kalthaus | H: 1–1,5 m | VI–VIII | Kalthaus |

Rebutia minuscula
Rebutie
Cactaceae, Kakteengewächse

Heimat: Nordargentinien: Salta, Tucuman. Subtropisch, montan.
Wuchsform: Flachkugelige Sukkulente mit vielen Seitensprossen.
Blatt: Umgebildet zu Dornen, 20–30 pro Warze, je 1 cm lang.
Blüte: Radiär, strahlig, 3–4 cm breit, hellrot.
Frucht: Beere.
Standort: Vollsonnig und luftig.
Verwendung: Topfpflanze, besonders gut für Anfänger. Im Winter frostfrei.
Vermehrung: Abtrennen der Seitensprosse, mehrere Tage trocknen lassen, dann eintopfen. Auch Aussaat im Frühling. Sämlinge können schon im ersten Jahr blühen.
Kultur: In durchlässigem Substrat, hell.
Hinweise: Blätter völlig reduziert. Pflanze assimiliert mit dem Spross.

Rhapis excelsa
Steckenpalme
Arecaceae, Betelpalmengewächse

Heimat: Südchina. Subtropisch.
Wuchsform: Aufrechter, Ausläufer bildender Stamm mit lockerem Schopf. In der Heimat bis 4 m hoch.
Blatt: Schraubig, fächerförmig, tief eingeschnitten, immergrün, glänzend, 25–30 cm breit, grün.
Blüte: Radiär, klein, 3-zählig, mattgelb, selten in Kultur zu sehen.
Standort: Hell, keine direkte Sonne.
Verwendung: Zimmerpflanze, Wintergarten. Kalthauspflanze, kann im Sommer ins Freie.
Vermehrung: Teilung im Frühling, Abtrennen der Ausläufer.
Kultur: In Einheitserde, stets warm und feucht, im Winter bei 5–10 °C halten.
Hinweise: Auf Rote Spinne und Schildläuse achten.

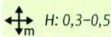 H: 0,3–0,5   III–V 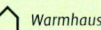 Warmhaus 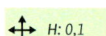 H: 0,1   XII–I 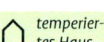 temperiertes Haus

Rhipsalidopsis gaertneri
Osterkaktus
Cactaceae, Kakteengewächse

Heimat: Südbrasilien: Minas Gerais. Tropisch.
Wuchsform: Epiphytisch wachsender, aufrecht bis überhängender Blattkaktus.
Blatt: Umgebildet zu kleinen Borsten, Sprossglieder abgerundet, sie übernehmen die Assimilation.
Blüte: Radiär, röhrig, 4–5 cm, kurzkronig, scharlachrot.
Frucht: Beere.
Standort: Hell bis halbschattig, 10 °C im Winter.
Verwendung: Reich blühende Zimmerpflanze für Ampeln.
Vermehrung: Sprossglieder nach der Blüte im Mai abtrennen und stecken.
Kultur: Mischung aus grobfaserigem Torf und Einheitserde, gleichmäßig feucht halten, besonders wenn Knospen angesetzt wurden. Im Winter trockener.

Rhipsalis baccifera
Korallenkaktus
Cactaceae, Kakteengewächse

Heimat: Afrika, Sri Lanka. Tropisch.
Wuchsform: Epiphytische Sukkulente mit dünnen, überhängenden Trieben. Triebe grün, bis 90 cm lang herabhängend.
Blüte: Radiär, strahlig, 0,5 cm, mattgelb.
Frucht: Beere, rund, weiß.
Standort: Hell und feuchtwarm.
Verwendung: Ampelpflanze, Epiphytenstamm in Vitrinen. Im Winter Ruhezeit einhalten.
Vermehrung: Abtrennen der Seitentriebe, Teilung.
Kultur: In humusreichem Substrat mit Sandzusatz, hohe Luftfeuchtigkeit und Wärme, im Winter kühler. Feucht, aber nicht nass halten.
Hinweise: Auf Schildläuse achten.

| H: 0,5–0,8 | V–VI | Kalthaus | H: 1–2 | VI–VIII | Kalthaus |

Rhododendron simsii

Indische Azalee, Zimmer-Azalee
Ericaceae, Heidekrautgewächse

Heimat: China, Taiwan. Subtropisch.
Wuchsform: Breit aufrechter, buschiger Strauch. In der Heimat bis 1,8 m hoch.
Blatt: Quirlständig, elliptisch, halbimmergrün, dunkelgrün, 3–5 cm lang.
Blüte: Disymmetrisch, trichterförmig, 5–6 cm, 5-zählig, dunkelrot, Doldentrauben über dem Laub.
Frucht: Kapsel.
Standort: Hell, verträgt aber keine direkte Sonne.
Verwendung: Zimmerpflanze für kühle Räume. Nicht ausreichend frosthart.
Vermehrung: Durch Spezialbetriebe. Kopfstecklinge und Veredelungen (Kopulation).
Kultur: Nur in reinem Weißtorf mit wenig Volldüngerzusatz. Nur mit Regenwasser gießen. Die Hybriden blühen bei Behandlung von XII–III.

Rhoicissus capensis

Kapwein, Sumachwein
Vitaceae, Weinrebengewächse

Heimat: Südafrika. Subtropisch, tropisch.
Wuchsform: Stark wachsender Ranker, bildet knollenförmige Wurzeln aus.
Blatt: Wechselständig, immergrün, herzförmig, unterseits rötlich behaart, glänzend, bis 20 cm lang und breit.
Blüte: Radiär, unscheinbar grünlich, in Rispen.
Frucht: Rote Beere, selten in Kultur.
Standort: Hell und warm, im Winter kühler.
Verwendung: Für Klettergerüste (Raumteiler) und Ampeln im Zimmer und Wintergarten.
Vermehrung: Stecklinge ab Frühling, bewurzeln bei 20 °C Bodentemperatur.
Kultur: In kräftiger, lehmig-humoser Erde, auch Einheitserde.
Hinweise: Benötigt viel Wasser in der Vegetationszeit, im Winter wenig gießen. Kommt auch mit wenig Licht aus.

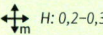 H: 0,2–0,3   VI–IX   Kalthaus   H: 0,7–1   V–X 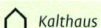 Kalthaus

Rosa chinensis

China-Rose, Zwerg-Rose
Rosaceae, Rosengewächse

Heimat: China. Mediterran, subtropisch.
Wuchsform: Locker buschiger Halbstrauch.
Blatt: Wechselständig, oval, unpaarig gefiedert, sommergrün, glänzend 3–4 cm lang.
Blüte: Radiär, schalenförmig, 4–5 cm, rosa, in endständigen Trugdolden.
Frucht: Kernfrucht (Hagebutte), eiförmig, 2 cm.
Standort: Hell und sonnig.
Verwendung: Zimmerpflanze, im Sommer besser ins Freie bringen. Nicht frosthart.
Vermehrung: Stecklinge mit Bewurzelungshormonen behandeln, auch Vermehrung durch Samen möglich, aber langwierig (Spezialbetriebe).
Kultur: In Einheitserde, Substrat stets feucht halten, im Winter trockener.
Sorte: Für Topfkultur: 'Muttertag', rot gefüllt, 40 cm; 'Vatertag', orangerot, halb gefüllt, 40 cm.

Russelia equisetiformis

Springbrunnenpflanze, Russelia
Scrophulariaceae, Braunwurzgewächse

Heimat: Mexiko, Peru, Kolumbien. Subtropisch.
Wuchsform: Lockere, stark überhängende, rutenförmige Triebe.
Blatt: Quirlständig, schuppenförmig, sehr klein, immergrün.
Blüte: Disymmetrisch, röhrenförmig, 2–3 cm, leuchtend rot, in Trauben.
Frucht: Kapsel.
Standort: Vollsonnig bis halbschattig, warm und geschützt.
Verwendung: Ampelpflanze, reich blühende Kübelpflanze.
Vermehrung: Stecklinge, in Töpfe stecken.
Kultur: In lehmig-humosem Substrat oder Einheitserde, ständig feucht halten.
Hinweise: Pflanze erhöht aufstellen, sehr reich blühend. Blüten erscheinen an jungen Trieben (Bild: 'Albiflora').

| H: 0,15 Bl: 0,1 | I–XII | temperiertes Haus | H: 0,4–1 | V–VI | temperiertes Haus |

Saintpaulia ionantha

Usambaraveilchen
Gesneriaceae, Gesneriengewächse

Heimat: Tansania. Tropisch.
Wuchsform: Krautige Rosettenpflanze.
Blatt: Grundständig, rundlich, gestielt, immergrün, samtig weich behaart, dunkelgrün. Unterseite heller, auch rötlich, 5–8 cm lang.
Blüte: Disymmetrisch, tellerförmig, 2–3 cm, blau, in Trugdolden über dem Laub.
Frucht: Kapsel.
Standort: Schattig.
Verwendung: Zimmerpflanze für schattige Fensterpartien, Schalen, Wintergärten.
Vermehrung: Blattstecklinge in sandig-humosem Substrat bewurzeln lassen.
Kultur: In Einheitserde oder TKS 2, stets feucht halten, hohe Luftfeuchtigkeit. Verträgt keine Staunässe, auch keine Wassergaben von oben.
Sorte: Viele Farbsorten mit größeren, auch gefüllten Blüten in Weiß, Rosa, Lila, Rot, Blau.

Sansevieria trifasciata

Bogenhanf, Schwiegermutterzunge
Dracaenaceae, Drachenbaumgewächse

Heimat: Westafrika. Tropisch.
Wuchsform: Rhizom bildende, aufrechte Blattsukkulente.
Blatt: Grundständig, schwertförmig, ledrig, hellgrün, 0,4–1 m lang, 3–8 cm breit.
Blüte: Radiär, glockig, 2 cm, grünlichweiß, duftend, in langen Trauben. Selten.
Frucht: Beere.
Standort: Vollsonnig, warm und trocken.
Verwendung: Widerstandsfähige Zimmerpflanze, Sukkulentensammlungen. Nicht unter 15 °C überwintern.
Vermehrung: Teilung der Rhizome, auch Blattstückteilung bei grünen Formen möglich.
Kultur: Sandig-humoses Substrat, wenig Wasser und Dünger geben.
Sorten: 'Laurentii' (Bild), gelbgrüne Längsstreifen, 80 cm; 'Golden Hahnii', gelbgrüne Rosette.

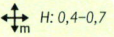   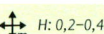

Sarracenia flava

Gelbe Schlauchpflanze
Sarraceniaceae, Schlauchpflanzengewächse

Heimat: Östliche USA. Subtropisch.
Wuchsform: Aufrechte Schläuche aus dem kriechenden Wurzelstock.
Blatt: Grundständig, schlauchartige Fangblätter mit Deckel, grün mit roten Adern, 40–70 cm lang.
Blüte: Radiär, lampionartig, 6–8 cm breit, gelb, lang gestielt.
Frucht: Kapsel.
Standort: Hell bis sonnig, aber feucht bis nass.
Verwendung: Topfpflanze, besser in speziellen Vitrinen für Karnivoren, Hobby-Glashaus. Im Winter 0–12 °C, Kalthauspflanze.
Vermehrung: Teilung im Frühling.
Kultur: In Sphagnum mit Lehm- und Sandzusatz. Feucht und kühl halten.
Hinweise: Kommt in der Heimat in Mooren vor. Fängt Insekten im Schlauch.

Saxifraga stolonifera

Hängender Steinbrech, Judenbart
Saxifragaceae, Steinbrechgewächse

Heimat: China, Japan. Subtropisch.
Wuchsform: Ausläufer bildende Staude. Herabhängende Triebe.
Blatt: Schraubig, nierenförmig, lang gestielt, behaart, grün, unterseits violettrot, 4–8 cm.
Blüte: Disymmetrisch, 2 cm, weiß, mit verschieden langen Blütenblättern, an langen Rispen.
Frucht: Kapsel, 2-klappig.
Standort: Halbschattig, kühl und luftig.
Verwendung: Bodendecker, besser als Ampelpflanze. Nicht ausreichend frosthart. Im Sommer auch im Freien.
Vermehrung: Abtrennen der Ausläufer, ganzjährig möglich.
Kultur: In Einheitserde, nicht austrocknen lassen, keine Staunässe.
Sorte: 'Tricolor', also 3-farbig, weißer Blattrand, braucht mehr Wärme.

| 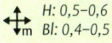 H: 0,5–0,6
Bl: 0,4–0,5 | VII–VIII (II) | 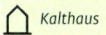 Kalthaus | H: 1–2 | VII–VIII | 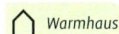 Warmhaus |

Scadoxus multiflorus subsp. katherinae

Blutblume
Amaryllidaceae, Amaryllisgewächse

Heimat: Südafrika. Subtropisch.
Wuchsform: Aufrechte, lockere Zwiebelpflanze.
Blatt: 2-zeilig, lanzettlich, glänzend, 35–45 cm lang, 10 cm breit.
Blüte: Radiär, sternförmig, 2–3 cm, 6-zählig, orangerot, in bis 20 cm großer Dolde über dem Laub.
Frucht: Beere, orangerot.
Standort: Hell, aber nicht vollsonnig.
Verwendung: Zimmerpflanze mit hohem Platzbedarf, Wintergärten. Ruhezeit erforderlich.
Vermehrung: Teilung der Zwiebelhorste im Frühling.
Kultur: In Einheitserde mit Sandzusatz, braucht viel Wärme und mäßig Wasser.
Hinweise: Im Winter Laub einziehen lassen.

Schefflera actinophylla

Queensland-Strahlenaralie
Araliaceae, Araliengewächse

Heimat: Neuguinea, Nordost-Australien. Tropisch.
Wuchsform: Aufrechter, sparriger, etagenförmig wachsender Strauch oder Baum. In der Heimat bis 40 m hoch.
Blatt: Wechselständig, immergrün, handförmig, 3- bis 7-, später 16-fach gefingert, glänzend, 15–30 cm groß.
Blüte: Radiär, sternförmig, 1 cm, weißgelb, in bis 10 cm langen Rispen, selten!
Frucht: Beere, rot.
Standort: Hell bis halbschattig, keine direkte Sonne.
Verwendung: Zimmerpflanze, Wintergärten, Innenraumbegrünung. Warmhauspflanze.
Vermehrung: Stecklinge, Aussaat ganzjährig, Keimzeit 2–3 Wochen bei 22 °C.
Kultur: In Einheitserde, mäßig feucht halten.

 H: 1–2　 VII–VIII　 Warmhaus　 H: 1–2　 VII–VIII　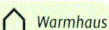 Warmhaus

Schefflera arboricola

Kleine Strahlenaralie
Araliaceae, Araliengewächse

Heimat: Taiwan. Tropisch.
Wuchsform: Aufrechter, sparriger, etagenförmig wachsender Strauch oder Baum. In der Heimat bis 40 m hoch.
Blatt: Wechselständig, immergrün, handförmig, 9- bis 15-zählig gefingert, glänzend, 15–25 cm groß, Einzelblatt bis 13 cm lang.
Blüte: Radiär, sternförmig, 1 cm, grüngelb, in Rispen, selten.
Frucht: Beere, rot.
Standort: Hell bis halbschattig, keine direkte Sonne. Warmhauspflanze
Verwendung: Zimmerpflanze, Wintergärten.
Vermehrung: Stecklinge, Aussaat ganzjährig, Keimzeit 2–3 Wochen bei 22 °C.
Kultur: In Einheitserde, mäßig feucht halten, alle 2 Wochen düngen, alle Jahre umtopfen.
Sorte: 'Trinette', Blätter gelbgrün, 1–2 m (Bild).

Schefflera elegantissima

Neukaledonische Strahlenaralie
Araliaceae, Araliengewächse

Heimat: Neukaledonien. Tropisch.
Wuchsform: Aufrechter, sparriger, etagenförmig wachsender, oft mehrstämmiger Strauch. In der Heimat bis 8 m hoch.
Blatt: Wechselständig, immergrün, handförmig, 7- bis 11-zählig gefingert, feingeschlitzt, olivgrün mit rotem Mittelnerv, 15–30 cm groß.
Blüte: Radiär, sternförmig, 1 cm, weißgelb, in Rispen, in Kultur selten.
Frucht: Beere, rot.
Standort: Hell bis halbschattig, keine direkte Sonne, hohe Luftfeuchtigkeit.
Verwendung: Zimmerpflanze, Wintergärten, Vitrinen, Hydrokultur. Im Winter nicht unter 18 °C halten.
Vermehrung: Stecklinge, Aussaat, Keimzeit 3–4 Wochen bei 22 °C, Spezialbetriebe.
Kultur: In Einheitserde, kalkfreies Gießwasser.

| 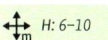 H: 6–10 | IV–V | 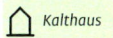 Kalthaus | 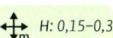 H: 0,15–0,3 | XII–II | 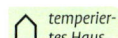 temperiertes Haus |

Schinus molle

Peruanischer Pfefferbaum
Anacardiaceae, Sumachgewächse

Heimat: Mittel- und Südamerika. Tropisch.
Wuchsform: Aufrechter Baum mit lockerer Krone und stark überhängenden Zweigen.
Blatt: Wechselständig, immergrün, eiförmig, aber unpaarig gefiedert, 15–20 cm lang, Einzelblättchen lanzettlich, glänzend hellgrün 3–4 cm lang.
Blüte: Radiär, sternförmig, 4–5 mm, hellgelb, in bis 15 cm langen Rispen.
Frucht: Beerenartige Steinfrucht, hellrot, 5 mm groß, kugelig.
Standort: Hell, sonnig, benötigt viel Wärme, im Winter im Kalthaus.
Verwendung: Mächtige Kübelpflanze, in warmen Ländern als Straßenbaum. Vor den ersten Frösten ins Kalthaus bringen.
Vermehrung: Kopfstecklinge bei 25 °C bewurzeln lassen, Aussaat möglich.

Schlumbergera × buckleyi

Weihnachtskaktus
Cactaceae, Kakteengewächse

Heimat: Züchtung (*S. russelliana* × *S. truncata*), Eltern aus Brasilien. Tropisch.
Wuchsform: Erst aufrechte, dann überhängende Sukkulente. Triebe mit blattartigen Sprossgliedern, gezähnt, 5–6 cm lang, dunkelgrün.
Blüte: Disymmetrisch, langröhrig, 5–6 cm, rot.
Frucht: Runde Beere.
Standort: Halbschattig, Temperaturen stets 17–20 °C, nachts 10–13 °C
Verwendung: Topfpflanze für kühle Räume.
Vermehrung: Abtrennen der Blattglieder im Frühling.
Kultur: In humosen Torfsubstraten, kalkfreies Wasser verwenden, alle 4 Wochen düngen. Verträgt keine Staunässe. Die Blüten erscheinen nur, wenn die Pflanze von September an 3 Monate lang kühl und trockener gehalten wird und täglich nur 8–9 Stunden Licht erhält.

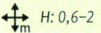 H: 0,6–2   - 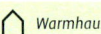 Warmhaus   H: 0,10   VIII–IX   Kalthaus

Scindapsus pictus
Herzblatt
Araceae, Aronstabgewächse

Heimat: Malaysia. Tropisch.
Wuchsform: Kriechende, kletternde oder hängende Kletterpflanze mit Haftwurzeln.
Blatt: Wechselständig, immergrün, herzfömig, dunkelgrün mit bläulichen Punkten, 10–15 cm lang, 5–8 cm breit. Altersform der Blätter geschlitzt, bis 60 cm lang.
Blüte: Kolben mit hellgrüner Spatha, sehr selten zu beobachten.
Frucht: Kolben mit Beeren, in Kultur selten.
Standort: Halbschattig, keine direkte Sonne.
Verwendung: Kletterpflanze an Gerüsten, z. B. Moosstab, Ampelpflanze. Warmhauspflanze.
Vermehrung: Stecklinge von IV–X bei 25 °C und hoher Luftfeuchtigkeit.
Kultur: In TKS oder Einheitserde, stets mäßig feucht halten, alle 2 Wochen düngen.
Sorte: 'Argyraeus', grün mit silbernen Flecken.

Sedum morganianum
Affenschwanz, Ampel-Fetthenne,
Schlangen-Fetthenne
Crassulaceae, Dickblattgewächse

Heimat: Mexiko. Subtropisch.
Wuchsform: Vieltriebige, kriechende oder bis 0,9 m hängende Sukkulente.
Blatt: Gegenständig, stielrund, sukkulent, immergrün, grau, 1–1,5 cm lang.
Blüte: Radiär, sternförmig, 5–8 mm, 5-zählig, rosarot.
Frucht: Sammelbalgfrucht.
Standort: Hell bis vollsonnig, warm.
Verwendung: Ampelpflanze für Zimmer, Wintergärten, Sukkulentenhäuser. Frostfrei halten.
Vermehrung: Ganzjährig durch Abtrennen der Triebe und Blättchen. Nach dem Abtrennen einige Tage trocknen lassen.
Kultur: In Kakteenerde, im Sommer mäßig feucht halten, im Winter trockener.
Hinweise: Verträgt viel Sonne und Trockenheit.

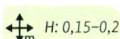 H: 0,15–0,2   –   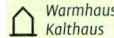 Warmhaus Kalthaus   H: 1–3   VII–VIII   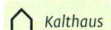 Kalthaus

Selaginella kraussiana

Moosfarn, Mooskraut
Selaginellaceae, Mooskrautgewächse

Heimat: Südafrika, naturalisiert in Süd- und Westeuropa, Azoren. Tropisch.
Wuchsform: Aufrechte, Matten bildende Kriechpflanze.
Blatt: Unregelmäßig verzweigt, immergrün, schuppenförmig.
Standort: Schattig und kühl.
Verwendung: Als Mattenbildner unter Gehölzen im Wintergarten, Kalt- und Warmhausgewächs, für Vitrinen. Nicht frosthart.
Vermehrung: Teilung der Wurzelausläufer, bei viel Wärme und Feuchtigkeit halten. Vermehrt sich auch generativ durch Sporen.
Kultur: In sandig-humosem Substrat, auch Einheitserde mit Sandzusatz, auf hohe Luftfeuchtigkeit achten.
Hinweise: Kalkhaltiges Wasser vermeiden, nicht von oben gießen.

Selenicereus grandiflorus

Königin der Nacht
Cactaceae, Kakteengewächse

Heimat: Ostmexiko, Kuba, Hispaniola, Jamaika. Tropisch.
Wuchsform: Mit Luftwurzeln an langen, dünnen Trieben kletternde Sukkulente. Triebe immergrün, 2–3 cm dick, 5- bis 7-rippig, bläulich grün.
Blatt: Umgebildet zu gelblichen Dornen.
Blüte: Radiär, becherförmig, 25–30 cm, weiß, mit gelblichen Hüllblättern, öffnet sich am Abend, Vollblüte um Mitternacht, um 3 Uhr schließt sich die Blüte wieder. Starker Duft nach Vanille.
Frucht: Rote Beere, essbar.
Standort: Hell, aber nicht vollsonnig.
Verwendung: Einzeln im großen Topf oder Kübel; im Wintergarten, Kletterhilfe!
Vermehrung: Abtrennen von ausgereiften, 20 cm langen Trieben, 4 Wochen trocknen lassen, dann eintopfen. Samenvermehrung möglich.
Kultur: In sandig-humosem Substrat.

 H: 1–3   VII–X   Kalthaus   H: 2–3   VII–X   Kalthaus

Senna corymbosa var. corymbosa

Kassie
Caesalpiniaceae, Caesalpiniengewächse

Heimat: Argentinien, Südbrasilien, Uruguay. Subtropisch, tropisch.
Wuchsform: Breit aufrechter Strauch.
Blatt: Wechselständig, elliptisch, paarig gefiedert, immergrün, glänzend, 15–35 cm lang, Einzelblatt lanzettlich, 2–4 cm lang.
Blüte: Disymmetrisch, kelchförmig, 2–3 cm breit, 5-zählig, goldgelb, in achselständigen Doldentrauben.
Frucht: Hülse, länglich.
Standort: Sonnig und warm.
Verwendung: Topf- und Kübelpflanze für Wintergärten, im Freien. Nicht frosthart.
Vermehrung: Aussaat oder Stecklinge.
Kultur: In Einheitserde oder lehmig-humose Substrate, stets warm halten.

Senna didymobotrya

Kerzenstrauch, Geflügelte Senna
Caesalpiniaceae, Caesalpiniengewächse

Heimat: Afrika. Subtropisch, tropisch.
Wuchsform: Breit aufrechter Strauch.
Blatt: Wechselständig, elliptisch, paarig gefiedert, immergrün, dunkelgrün, filzig behaart, 15–35 cm lang, Einzelblatt lanzettlich, 4–6 cm lang.
Blüte: Disymmetrisch, kelchförmig, 3–4 cm breit, 5-zählig, goldgelb, in endständigen Trauben.
Frucht: Hülse, länglich.
Standort: Sonnig und warm.
Verwendung: Topf- und Kübelpflanze für Wintergärten, im Sommer auch im Freien. Kalthauspflanze. Nicht frosthart.
Vermehrung: Aussaat oder Stecklinge im Sommer.
Kultur: In Einheitserde oder lehmig-humose Substrate, stets warm halten.

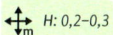 H: 0,2–0,3   VI–VIII 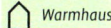 Warmhaus   H: 0,5–0,6   X–XII 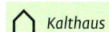 Kalthaus

Sinningia speciosa

Gloxinie
Gesneriaceae, Gesneriengewächse

Heimat: Brasilien. Tropisch.
Wuchsform: Buschige, Knollen bildende Rosettenpflanze.
Blatt: Grundständig, sommergrün, eiförmig, 15–20 cm lang, weichhaarig-filzig, grün, unterseits hellgrün.
Blüte: Disymmetrisch, trichterförmig, 4–6 cm, 5-zählig, lila.
Frucht: Kapsel.
Standort: Hell und warm, keine direkte Sonne.
Verwendung: Topfpflanze für das warme Zimmer, Vitrine, Wintergarten.
Vermehrung: Aussaat von X–II, am besten durch Spezialgärtnereien.
Kultur: In Torfsubstrat aus Heide- oder Lauberde, auch Einheitserde. Stets mäßig feucht halten, aber nicht von oben gießen. Mit weichem Wasser gießen.

Solanum pseudocapsicum

Korallenstrauch, Jerusalemkirsche
Solanaceae, Nachtschattengewächse

Heimat: Madeira. Mediterran, subtropisch, tropisch.
Wuchsform: Aufrechter, sparriger Kleinstrauch.
Blatt: Wechselständig, eiförmig, grün, 4–7 cm lang.
Blüte: Radiär, sternfömig, 1 cm, 5-zählig, weiß.
Frucht: Beere, hellrot, 1,5–2 cm, kugelig, lange haftend.
Standort: Hell, keine Mittagssonne.
Verwendung: Topfpflanze, mäßig warme Räume, im Sommer auch im Freien. Nicht frosthart.
Vermehrung: Aussaat im Vorfrühling unter Glas bei hoher Bodenwärme.
Kultur: In Einheitserde, stets feucht halten, nicht austrocknen lassen.
Sorte: 'Goldball', gelbe Früchte; 'New Patterson', Früchte orangefarben.
Hinweise: Jungpflanzen 2-mal stutzen.

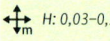 H: 0,03–0,1   VI–VIII 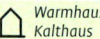 Warmhaus Kalthaus   H: 2–3   I–III  Kalthaus

Soleirolia soleirolii

Bubiköpfchen
Urticaceae, Brennnesselgewächse

Heimat: Balearen, Korsika, Sardinien. Mediterran.
Wuchsform: Dichter Mattenbildner, auch hängend.
Blatt: Wechselständig, herz- bis nierenförmig, immergrün, hellgrün, 4–6 mm groß.
Blüte: Radiär, sternförmig, 2–3 mm, 4-zählig, unscheinbar weißgrün.
Frucht: Nüsschen.
Standort: Halbschattig, warm.
Verwendung: Bodendecker in Vitrinen, hübsch in Töpfchen.
Vermehrung: Teilung ganzjährig.
Kultur: In Einheitserde, Substrat immer mäßig feucht halten, wenig düngen. Nie ganz austrocknen lassen.
Hinweise: Kommt kurzfristig auch mit kühleren Temperaturen zurecht.

Sparrmannia africana

Zimmerlinde
Tiliaceae, Lindengewächse

Heimat: Südafrika. Mediterran, Subtropisch.
Wuchsform: Breit aufrechter Strauch. In der Heimat bis 6 m hoch.
Blatt: Wechselständig, herzförmig, immergrün, weich behaart, hellgrün, 10–35 cm lang.
Blüte: Radiär, 2–3 cm, 4-zählig, weiße Blütenblätter oft nach hinten geschlagen, viele gelbe Staubblätter.
Frucht: Kapsel.
Standort: Hell bis sonnig, aber keine direkte Sonne, luftig.
Verwendung: Kübelpflanze, helle Zimmer, Treppenhäuser, Büros, im Sommer auch im Freien. Nicht frosthart.
Vermehrung: Stecklinge von Seitentrieben im Sommer.
Kultur: Einheitserde stets feucht, aber nicht nass halten, im Kalthaus überwintern.

| 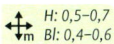 H: 0,5–0,7
Bl: 0,4–0,6 | VI–IX |  Warmhaus | 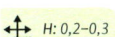 H: 0,2–0,3 | VIII–X |  Kalthaus |

Spathiphyllum wallisii

Einblatt, Zwerg-Blattfahne
Araceae, Aronstabgewächse

Heimat: Kolumbien, Venezuela. Tropisch.
Wuchsform: Aufrechte, Horst bildende Staude mit überhängenden Blättern.
Blatt: Grundständig, immergrün, lang gestielt, breit lanzettlich, 10–15 cm lang, dunkelgrün.
Blüte: Winzige Einzelblüten an Kolben, monosymmetrisch, Spatha (Hochblatt) 8–15 cm lang, weiß.
Frucht: Kolbenartig.
Standort: Hell bis schattig, keine direkte Sonne, warm, nicht unter 18 °C.
Verwendung: Anspruchslose Zimmerpflanze für feuchtwarme Räume, Bad. Warmhauspflanze. Im Winter kühler und etwas trockener halten.
Vermehrung: Teilung der Erdsprosse im Frühling. Aussaat möglich.
Kultur: Einheitserde mit Sand vermischen.
Sorte: 'Mauna Loa', weiße, große Spatha.

Stapelia grandiflora

Aasblume, Ordensstern
Asclepiadaceae, Seidenpflanzengewächse

Heimat: Südafrika. Subtropisch.
Wuchsform: Aufrechte, Rasen bildende Sukkulente. Triebe 20–30 cm lang, fingerförmig, 4-rippig, grün, übernehmen die Assimilation.
Blüte: Radiär, sternfömig, 15–17 cm, 5-zählig, mattrot mit heller Aderung und weißen Haaren, riecht übel nach Aas.
Frucht: Zugespitzte Balgfrüchte.
Standort: Hell und trocken.
Verwendung: Topfpflanze, für Sukkulentensammlungen, Hobby-Glashaus. Im Winter kälter und trockener halten.
Vermehrung: Teilung der Horste, Abtrennen von Trieben, diese 1 Woche lang trocknen lassen.
Kultur: In durchlässigen, sandigen Lehmböden. Selten gießen wegen Fäulnisgefahr.
Hinweise: Wird von Aasfliegen besucht und bestäubt, die dort ihre Eier ablegen.

H: 2–5 | VI–IX | Warmhaus

H: 1–1,5
Bl: 0,8–1 | II–VIII | Warmhaus

Stephanotis floribunda

Kranzschlinge
Asclepiadaceae, Seidenpflanzengewächse

Heimat: Madagaskar. Subtropisch, tropisch.
Wuchsform: Kräftig wachsender Schlinger.
Blatt: Gegenständig, eiförmig, immergrün, dunkelgrün glänzend, 7–9 cm lang.
Blüte: Radiär, sternförmig, 2–3 cm lange Röhre, weiß, duftend, in Scheindolden in den Blattachseln.
Frucht: 2-teilige Balgfrucht, selten zu sehen.
Standort: Hell, aber nicht sonnig, warm.
Verwendung: Fensterbrett, Wintergarten.
Vermehrung: Stecklinge im Frühsommer, mit Bewurzelungshormon behandeln.
Kultur: In Einheitserde, diese nicht austrocknen lassen, mit weichem Wasser gießen. Alle 2 Wochen düngen.
Besonderes: Benötigt eine Kletterhilfe (Gerüst).
Hinweise: Auf Blattläuse und Spinnmilben achten.

Strelitzia reginae

Paradiesvogelblume
Strelitziaceae, Strelitziengewächse

Heimat: Südafrika: Kap. Subtropisch, mediterran.
Wuchsform: Aufrechte, horstige, mehrjährige Rhizompflanze.
Blatt: Grundständig, langgestielt, blaugrün, bis 30 cm breit und 1 m lang.
Blüte: Zygomorph, 15 cm, himmelblau mit orangefarbenen Hüllblättern, am Ende eines meterlangen Stieles.
Frucht: Kapsel 3-klappig, verholzt, Samen mit Arillus.
Standort: Warme, sonnige Terrassen.
Verwendung: Ganzjährig im Kübel oder ausgepflanzt im Gewächshaus. Überwinterung im Warmhaus. Wichtige Schnittblume.
Vermehrung: Teilung der Rhizome im Frühling. Aussaat möglich, aber langwierig.
Kultur: Einheitserde ED 73 mit Sand, viel Wasser.

| H: 0,3–0,4 Bl: 0,2–0,3 | IV–IX | temperiertes Haus | H: 1–3 | – | Warmhaus |

Streptocarpus-Cultivar
Drehfrucht
Gesneriaceae, Gesneriengewächse

Heimat: Züchtung. Ursprungsarten aus Südafrika. Subtropisch.
Wuchsform: Rosetten bildende Staude mit überhängendem Laub.
Blatt: Grundständig, immergrün, breit lanzettlich, rau behaart, grün, bis 30 cm lang, 10 cm breit.
Blüte: Disymmetrisch, trichterförmig, 3–5 cm breit, blau, weiß, rosa, rot (je nach Sorte), an langen Stielen über dem Laub in Trugdolden.
Frucht: Kapsel.
Standort: Halbschattig bis hell, warm.
Verwendung: Topfpflanze für helle Räume, Wintergarten, Blumenfenster.
Vermehrung: Aussaat im Winterhalbjahr, Lichtkeimer; Teilung der Blätter entlang der Blattrippe. In Einheitserde legen.
Kultur: In humosen Substraten.

Syngonium podophyllum
Veränderliche Purpurtüte
Araceae, Aronstabgewächse

Heimat: Mittelamerika. Tropisch.
Wuchsform: Locker aufrechter, mit Haftwurzeln kletternder Strauch.
Blatt: Wechselständig, immergrün, pfeilförmig, grün, 15–30 cm lang. Im Alter variabel, groß und gefingert.
Blüte: Winzige Blüten an Kolben, monosymmetrisch (Spatha), in Kultur sehr selten.
Frucht: Beeren an kolbenartigem Fruchtstand (sehr selten).
Standort: Hell, aber keine direkte Sonne, stets feucht und warm.
Verwendung: Kletter- oder Ampelpflanze für warme Räume.
Vermehrung: Stecklinge von V–VIII.
Kultur: In humosem Substrat, Einheitserde, bei hoher Luft- und Bodenfeuchtigkeit, alle 2 Wochen düngen.

 H: 6–20   - Warmhaus   H: 2–6   VIII–X  Warmhaus

Tetrastigma voinierianum

Kastanienwein
Vitaceae, Weinrebengewächse

Heimat: Nordvietnam: Tongking. Tropisch.
Wuchsform: Rasch wachsender, verholzender Ranker. Jahrestriebe bis 5 m Länge möglich.
Blatt: Wechselständig, immergrün, handförmig gelappt, 5-teilig, am Rand gezähnt, dunkelgrün, 20–30 cm breit.
Blüte: Radiär, klein, grün, 4-teilige Narbe (Name), unscheinbar und selten.
Frucht: Beere, sehr selten.
Standort: Hell bis halbschattig, feuchtwarm.
Verwendung: Nur für Gewächshäuser (Profi-Glashaus) oder große Wintergärten an stabilem Gerüst. Hoher Platzbedarf.
Vermehrung: Stecklinge von V–IX, dürfen noch nicht verholzt sein.
Kultur: In lehmig-humosem Substrat, auch Einheitserde ED 73, stets feucht halten, benötigt viel Wasser und Dünger.

Thunbergia grandiflora

Bengalische Thunbergie
Acanthaceae, Akanthusgewächse

Heimat: Indien. Tropisch, subtropisch.
Wuchsform: Wüchsiger, schlingender Kletterstrauch.
Blatt: Kreuzgegenständig, immergrün, eiförmig, 10–20 cm lang, grün.
Blüte: Disymmetrisch, trichterförmig, 4–7 cm, hellblau mit gelbem Schlund, in leicht hängenden Büscheln.
Frucht: Kapsel.
Standort: Hell, auch vollsonnig, warm.
Verwendung: Kletterpflanze für größere Gefäße und Kübel im Wintergarten. Warmhauspflanze, frostempfindlich.
Vermehrung: Krautige Stecklinge im Frühsommer stecken.
Kultur: In humosen Substraten bei feuchtwarmer Umgebung. Erde im Winter nicht austrocknen lassen.

 H: 2–3   VIII–V 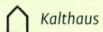 Kalthaus

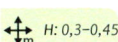 H: 0,3–0,45   IX–IV 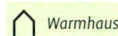 Warmhaus

Tibouchina urvilleana

Glänzende Tibouchine, Veilchenbaum, Prinzessinnenblume
Melastomataceae, Schwarzmundgewächse

Heimat: Brasilien. Tropisch.
Wuchsform: Breit aufrechter Strauch. In der Heimat bis 8 m hoch wachsend.
Blatt: Gegenständig, eiförmig, behaart, immergrün, grün, 9–15 cm lang.
Blüte: Disymmetrisch, schalenförmig, 6–8 cm breit, blauviolett, end- und achselständig.
Frucht: Kapsel.
Standort: Hell, sonnig und luftig, warm.
Verwendung: Für helle Räume, im Sommer als Kübelpflanze im Freien. Nicht frosthart.
Vermehrung: Halbweiche Stecklinge im Frühsommer, liebt hohe Luftfeuchtigkeit.
Kultur: In kalkarmen, humosen Substraten, Einheitserde. Erde auch im Winter nicht austrocknen lassen.
Hinweise: Blüten fallen leicht ab.

Tillandsia cyanea

Tillandsie, Luftnelke
Bromeliaceae, Bromeliengewächse

Heimat: Ekuador. Tropisch.
Wuchsform: Aufrecht bis übergeneigte, epiphytische Rosettenpflanze.
Blatt: Schraubig, linealisch, immergrün, 30–35 cm lang.
Blüte: Radiär, 2–3 cm, 3-zählig, dunkelblau, erscheint an schwertförmigem, 2-zeiligen Blütenstand zwischen rötlichen Deckblättern.
Frucht: Kapsel.
Standort: Hell, keine volle Sonne.
Verwendung: Am Epiphytenstamm im Wintergarten oder der Vitrine.
Vermehrung: Kindel von Frühling bis Sommer abnehmen und in Torf-Sandgemisch topfen.
Kultur: In Mischung aus Nadelstreu und Sphagnum, nie austrocknen lassen. Mit kalkfreiem Wasser besprühen.
Hinweise: Braucht Wärme.

 H: 0,1   IX–IV   Warmhaus   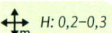 H: 0,2–0,3   VI–VII 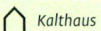 Kalthaus

Tillandsia usneoides

Greisenbart, Louisianamoos
Bromeliaceae, Bromeliengewächse

Heimat: Amerika. Tropisch.
Wuchsform: Dichte, 2–3 m lang herabhängende, „Bärte" bildende, wurzellose Art.
Blatt: Schraubig, immergrün, nadelförmig, silbergrau beschuppt, 4–5 cm lang.
Blüte: Radiär, 3–5 mm, 3-zählig, mattgelb, völlig unscheinbar.
Frucht: Kapsel.
Standort: Hell und sonnig.
Verwendung: Auf Epiphytenstämmen in Vitrinen und Wintergärten.
Vermehrung: Büschel ganzjährig teilen.
Kultur: Wurzellos, daher auf Drähte oder Stämme hängen, oft mit kalkfreiem Wasser besprühen.
Hinweise: In der Heimat auf Bäumen, Telefondrähten. Nährstoffe und Wasser werden durch Blattschuppen aufgenommen.

Tolmiea menziesii

Lebendblatt, Henne und Küken
Saxifragaceae, Steinbrechgewächse

Heimat: Nordamerika. Gemäßigt.
Wuchsform: Bodendeckende, Ausläufer bildende Staude.
Blatt: Grundständig, herzförmig, lang gestielt, Rand gezähnt, weich behaart, grün mit gelben Flecken, 6–10 cm lang.
Blüte: Disymmetrisch, glockenförmig, 5 mm, unscheinbar, grün, in Trauben.
Frucht: 2-klappige Kapsel.
Standort: Halbschattig bis schattig.
Verwendung: Ampelpflanze, Bodendecker in Wintergärten und Vitrinen. Fast winterhart.
Vermehrung: Abtrennen der Brutknospen der Blätter, diese einpflanzen.
Kultur: In Einheitserde, stets feucht halten, gelegentlich düngen.
Hinweise: In den Blattbuchten entwickeln sich aus Brutknospen kleine Pflänzchen.

 H: 3–6   V–VII   Kalthaus

Trachelospermum jasminoides

Sternjasmin
Apocynaceae, Hundsgiftgewächse

Heimat: China, Japan, Korea. Subtropisch, mediterran.
Wuchsform: Aufrechter oder hängender Schlingstrauch.
Blatt: Gegenständig, eiförmig, immergrün, glänzend dunkelgrün, 5–7 cm lang (Milchsaft).
Blüte: Radiär, sternförmig, 1,5–2,5 cm, weiß, in Trugdolden, Duft!
Frucht: Schließfrucht, 2-teilig.
Standort: Hell, nicht vollsonnig, warm.
Verwendung: Kletterpflanze für Kübel und Wintergärten, Kalthauspflanze.
Vermehrung: Stecklinge im Frühsommer.
Kultur: In lehmig-humosen Substraten, Erde nicht austrocknen lassen.
Sorte: 'Variegata', weißbuntes Laub.

 H: 3–12   V–VI    Kalthaus

Trachycarpus fortunei

Hanfpalme
Arecaceae, Betelpalmengewächse

Heimat: Myanmar (Birma), China, Südjapan. Mediterran.
Wuchsform: Aufrechter, durchgehender Stamm mit schirmförmigem Schopf.
Blatt: Schraubig, immergrün, handförmig geteilt, dunkelgrün, 50–90 cm breit. Stiele am Rand mit kleinen Dornen.
Blüte: Radiär, sternförmig, klein, 3-zählig, gelb, in über 30 cm langen Rispen.
Frucht: Beere, 1 cm groß, bläulich.
Standort: Sonnig und warm, im Sommer auch im Freien.
Verwendung: Kübelpflanze für die Terrasse, im Winter frostfrei.
Vermehrung: Aussaat bei 25 °C Bodenwärme.
Kultur: In lehmig-humosem Substrat, auch Einheitserde mit Sandzusatz. Gleichmäßige Wasserzufuhr, im Winter nicht austrocknen lassen.

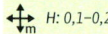 H: 0,1–0,2   I–XII 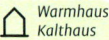 Warmhaus Kalthaus   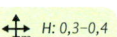 H: 0,3–0,4   VI–VIII 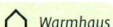 Warmhaus

Tradescantia fluminensis

Rio-Dreimasterblume
Commelinaceae, Commelinengewächse

Heimat: Südamerika. Tropisch, subtropisch.
Wuchsform: Kriechende oder bis 0,5 m hängende, krautige Pflanze.
Blatt: Wechselständig, eiförmig, immergrün, hellgrün, 4–6 cm lang.
Blüte: Radiär, sternförmig, 1 cm, 3-teilig, weiß, in Trugdolden.
Frucht: Kapsel.
Standort: Hell bis absonnig, keine volle Sonne, warm.
Verwendung: Anspruchsloser Bodendecker für Wintergärten, Ampelpflanze.
Vermehrung: Stecklinge ganzjährig, wurzeln problemlos an.
Kultur: In sandig-humosem Substrat, stets feucht halten, im Winter trockener.
Sorte: 'Rochford Silver', weißgrün gestreifte Blätter (Bild).

Tradescantia spathacea

Purpurblättrige Dreimasterblume
Commelinaceae, Commelinengewächse

Heimat: Mittelamerika. Tropisch, subtropisch.
Wuchsform: Krautige, Rosetten bildende Pflanze mit aufrechten Trieben.
Blatt: Rosettig, lanzettlich, immergrün, dunkelgrün. Unterseite violett, 20–30 cm lang.
Blüte: Radiär, 3-teilig, sternförmig, 1 cm, weiß, erscheint aus muschelfömigen Hochblättern.
Frucht: Kapsel.
Standort: Hell bis absonnig, keine volle Sonne, warm.
Verwendung: Wintergärten, Vitrinen, anspruchslose Topfpflanze für warme Räume.
Vermehrung: Stecklinge wurzeln gut an, auch Selbstaussaat möglich.
Kultur: In sandig-humosem Substrat, stets feucht halten, im Winter trockener.
Sorte: 'Variegata', gelbgrün längs gestreifte Blätter.

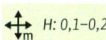 H: 0,1–0,2   I–XII 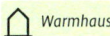 Warmhaus   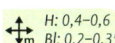 H: 0,4–0,6 Bl: 0,2–0,35   VIII–XII 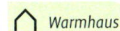 Warmhaus

Tradescantia zebrina

Dreimasterblume
Commelinaceae, Commelinengewächse

Heimat: Mexiko. Tropisch, subtropisch.
Wuchsform: Kriechende oder bis 0,5 m hängende, krautige Pflanze.
Blatt: Wechselständig, eiförmig, immergrün, grün mit 2 silbernen Längsstreifen, unterseits rot, 4–8 cm lang.
Blüte: Radiär, 3-teilig, sternförmig, 1 cm, rosa, in Trugdolden.
Frucht: Kapsel.
Standort: Hell bis absonnig, keine volle Sonne, warm.
Verwendung: Anspruchsloser Bodendecker für Wintergärten, Ampelpflanze
Vermehrung: Stecklinge ganzjährig, wurzeln problemlos an.
Kultur: In sandig-humosem Substrat, stets feucht halten, im Winter trockener.
Sorte: 'Quadricolor', 4-farbig.

Vanda coerulea

Blaue Vanda
Orchidaceae, Orchideengewächse

Heimat: Assam, Myanmar (Birma), Thailand. Tropisch.
Wuchsform: Lockere Pflanze ohne Pseudobulben, aber mit Luftwurzeln.
Blatt: 2-zeilig, linealisch, immergrün, 20–35 cm lang.
Blüte: Disymmetrisch, 5–10 cm breit, hellblau, in langen, aufrechten Rispen.
Frucht: Kapsel mit unzähligen feinen Samen.
Standort: Sehr hell, sonnig und warm, hohe Luftfeuchtigkeit erforderlich.
Verwendung: Blumenfenster und Vitrine, Warmhaus in Lattenkörbchen.
Vermehrung: Abtrennen von bewurzelten Seitensprossen.
Kultur: In luftigem Substrat aus Baumrinde und Farnwurzeln, feucht und warm. Kalkfreies Wasser zum Gießen und Sprühen verwenden.

 H: 2–2,5   XI–IV   Kalthaus   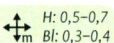 H: 0,5–0,7 Bl: 0,3–0,4   III–V   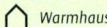 Warmhaus

Viburnum tinus
Lorbeer-Schneeball, Laurustinus
Caprifoliaceae, Geißblattgewächse

Heimat: Mittelmeergebiete, Vorderasien. Mediterran, subtropisch.
Wuchsform: Dicht buschiger Strauch. In der Heimat auch bis 7 m hoch.
Blatt: Gegenständig, eiförmig, immergrün, glänzend, 3–10 cm.
Blüte: Radiär, röhrenförmig, 5–9 mm groß, weiß, in Trugdolden, 5–10 cm breit, duftend.
Frucht: Beere, eiförmig, dunkelblau, 8 mm groß.
Standort: Hell bis absonnig, luftig, im Sommer auch im Freiland im Kübel.
Verwendung: Kübelpflanze für Wintergärten, Terrassen, Kalthauspflanze. Kann auch tiefere Temperaturen kurzzeitig ertragen.
Vermehrung: Grünstecklinge im Mai/Juni schneiden und in Torf-Sand-Substrat stecken.
Kultur: Lehmig-humoses Substrat mit Sand vermagern, nicht austrocknen lassen.

Vriesea splendens
Flammendes Schwert
Bromeliaceae, Bromeliengewächse

Heimat: Guayana, Venezuela. Tropisch.
Wuchsform: Trichterförmige Rosetten bildender Epiphyt.
Blatt: Schraubig gestellt, immergrün, grün mit roter Zeichnung, 30–60 cm lang.
Blüte: Radiär, röhrenförmig, 2–3 cm lang, gelb, aus schwertförmigem, rotem Blütenstand entspringend.
Frucht: Kapsel.
Standort: Hell, luftig, viel Wärme und hohe Luftfeuchtigkeit.
Verwendung: Zimmerpflanze im Topf, aber auch für den Epiphytenstamm.
Vermehrung: Abtrennen der Kindel in Frühling, bei 25 °C Bodentemperatur bewurzeln lassen.
Kultur: Einheitserde mit Styromull und Sphagnum vermischen, warm und feucht. Kalkfreies Wasser in die Trichter gießen.

H: 2–3 | VI-VIII | Kalthaus

H: 1,5–2
Bl: 1–1,5 | VII-VIII | Kalthaus

Washingtonia filifera

Kalifornische Washingtonpalme, Fächerpalme
Arecaceae, Betelpalmengewächse

Heimat: Südkalifornien, Arizona. Subtropisch.
Wuchsform: Aufrechter, durchgehender Stamm mit lockerem Schopf. In der Heimat bis 15 m hoch.
Blatt: Schraubig gestellt, fächerartig, immergrün, 0,5–1 m breit. Viele auffällige Fäden an den Blättern. Blattstiel 0,8–1 m lang, bestachelt, grau, mit vielen Bastfäden.
Blüte: Radiär, 3-zählig, sternförmig, gelbweiß, an langer Rispe.
Frucht: Beere, 1 cm, braunschwarz.
Standort: Hell und sonnig, warm.
Verwendung: Mächtige Kübelpflanze für Wintergärten, große Büros, Innenhöfe. Im Winter kühl und trockener stellen, Kalthauspflanze.
Vermehrung: Aussaat, Keimdauer 3–4 Wochen.
Kultur: In lehmig-humosem Substrat.

Yucca aloifolia

Graue Palmlilie, Spanisches Bajonett
Agavaceae, Agavengewächse

Heimat: Südliche USA, Mexiko, Westindische Inseln. Subtropisch.
Wuchsform: Straff aufrechte Rosette. In der Heimat bis 6 m hoch wachsend.
Blatt: Schraubig gestellt, lanzettlich, immergrün, grün und spitz, 30–60 cm lang.
Blüte: Radiär, glockig, 4–5 cm breit, hängend, weiß, in langen Rispen über dem Laub.
Frucht: Kapsel, 3–5 cm groß.
Standort: Vollsonnig und warm.
Verwendung: Kübelpflanze für Wintergärten, im Sommer auf Terrassen.
Vermehrung: Stamm in 30 cm lange Stücke schneiden, abtrocknen lassen und in Vermehrungssubstrat stecken, bei 25 °C bewurzeln lassen.
Kultur: In Einheitserde, im Sommer öfters gießen und düngen. Im Winter längere Ruhezeit.

 H: 3–4　 VII–VIII　 Kalthaus　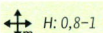 H: 0,8–1　 VI–VIII　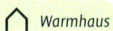 Warmhaus

Yucca elephantipes

Riesen-Palmlilie
Agavaceae, Agavengewächse

Heimat: Guatemala, Mexiko. Subtropisch.
Wuchsform: Straff aufrechte Rosette, später überhängend. In der Heimat bis 15 m hoch.
Blatt: Schraubig gestellt, lanzettlich, immergrün, weich, 60–120 cm lang.
Blüte: Radiär, glockig, 5–7 cm breit, hängend, gelbweiß, in langen Rispen über dem Laub.
Frucht: Kapsel, 3–5 cm groß, schwarz.
Standort: Vollsonnig und warm.
Verwendung: Kübelpflanze für Wintergärten, im Sommer auf Terrassen. Im Winter frostfrei halten. Kalthauspflanze.
Vermehrung: Stamm in 30 cm lange Stücke schneiden, abtrocknen lassen und in Vermehrungssubstrat stecken, bei 25 °C bewurzeln lassen.
Kultur: In Einheitserde.
Sorte: 'Variegata', grün weiße Streifen (Bild).

Zamia pumila subsp. pumila

Palmfarn
Zamiaceae, Palmfarngewächse

Heimat: Florida, westindische Inseln. Tropisch.
Wuchsform: Breit aufrechter Strauch, unterirdische Stämme bildend.
Blatt: Quirlständig, elliptisch, unpaarig gefiedert, immergrün, Unterseite hellbraun, lederig, 60–120 cm lang. Einzelblatt 10–20 cm lang.
Blüte: Zweihäusig. Unscheinbar gelblich, in Zapfen zusammengefasst. Männliche Zapfen länglich, weibliche eiförmig, beide rotbraun.
Frucht: Zapfen.
Standort: Hell und sonnig, warm.
Verwendung: Für Wintergärten, in warmen Sommern auch im Freien.
Vermehrung: Aussaat bei 30–35 °C Bodenwärme.
Kultur: In lehmig-humosen Substraten.

Service
Synonyme

Synonym	Gültiger Pflanzenname
Araucaria excelsa	*Araucaria heterophylla*
Arundinaria variegata	*Pleioblastus aureus*
Bambusa aurea	*Phyllostachys aurea*
Beloperone guttata	*Justicia brandegeana*
Brassaia actinophylla	*Schefflera actinophylla*
Bryophyllum daigremontiana	*Kalanchoe daigremontiana*
Cassia corymbosa	*Senna corymbosa*
Cassia didymobotrya	*Senna didymobotrya*
Chamaerops fortunei	*Trachycarpus fortunei*
Dendranthema indicum	*Chrysanthemum indicum*
Cineraria-Hybriden	*Pericallis* × *hybrida*
Coleus blumei	*Solenostemon scutellarioides*
Cordyline fruticosa	*Cordyline terminalis*
Cyperus alternifolius	*Cyperus involucratus*
Cyrtomium falcatum	*Polystichum falcatum*
Dipladenia sanderi	*Mandevilla sanderi*
Dizygotheca elegantissima	*Schefflera elegantissima*
Feijoa sellowiana	*Acca sellowiana*
Gardenia jasminoides	*Gardenia augusta*
Gloriosa rothschildiana	*Gloriosa superba*
Goethea cauliflora	*Goethea strictiflora*
Haemanthus katherinae	*Scadoxus multiflorus* subsp. *katherinae*
Hatiora gaertneri	*Rhipsalidopsis gaertneri*
Haworthia fasciata	*Haworthia attenuata*
Howeia belmoreana	*Howea belmoreana*
Howeia forsteriana	*Howea forsteriana*
Jacobinia carnea	*Justicia carnea*
Jacobinia pauciflora	*Justicia rizzinii*

Synonym	Gültiger Pflanzenname
Kentia belmoreana	*Howea belmoreana*
Manettia bicolor	*Manettia luteorubra*
Manettia inflata	*Manettia luteorubra*
Microcoelum weddellianum	*Lytocaryum weddellianum*
Musa ensete	*Ensete ventricosa*
Nolina recurvata	*Beaucarnea recurvata*
Oxalis deppei	*Oxalis tetraphylla*
Polypodium aureum	*Phlebodium aureum*
Polyscias balfouriana	*Polyscias scutellaria*
Rhipsalis salicornioides	*Hatiora salicornioides*
Rochea falcata	*Crassula perfoliata* var. *falcata*
Rochea spathacea	*Tradescantia spathacea*
Scindapsus aureus	*Epipremnum pinnatum*
Senecio Cruentus-Hybriden	*Pericallis* × *hybrida*
Tacitus bellus	*Graptopetalum bellum*
Tradescantia albiflora	*Tradescantia fluminensis*
Zebrina pendula	*Tradescantia pendula*

Weiterführende Literatur

Barthlott, Wilhelm; Porembski, Stefan; Seine, Rüdiger; Theisen, Inge: Karnivoren. Biologie und Kultur Fleischfressender Pflanzen. Verlag Eugen Ulmer, Stuttgart 2004.
Eggli, Urs: Sukkulenten-Lexikon. Band 1. Einkeimblättrige Pflanzen. Verlag Eugen Ulmer, Stuttgart 2001.
Encke, Fritz: Kalt- und Warmhauspflanzen. Verlag Eugen Ulmer, Stuttgart 1987.
Erhardt, Walter; Götz, Erich; Bödeker, Nils; Seybold, Siegmund: Zander – Handwörterbuch der Pflanzennamen. 18. Auflage. Verlag Eugen Ulmer, Stuttgart 2008.
Götz, Erich; Gröner, Gerhard: Kakteen. 7. Auflage. Verlag Eugen Ulmer, Stuttgart 2000.
Haberer, Martin: Die 300 besten Pflanzen für jede Gartensituation. Verlag Eugen Ulmer, Stuttgart 2011.
Haberer, Martin: Taschenatlas Gehölze. 320 Gehölze für Garten und Landschaft. 2. Auflage. Verlag Eugen Ulmer, Stuttgart 2009.
Haberer, Martin: Taschenatlas Stauden. 313 Stauden für Garten und Landschaft. 3. aktualisierte Auflage. Verlag Eugen Ulmer, Stuttgart 2010.
Haberer, Martin: Taschenatlas Ziergräser. 188 Arten kennen und verwenden. Verlag Eugen Ulmer, Stuttgart 2009.
Kawollek, Wolfgang: Kübelpflanzen. 2. Auflage. Verlag Eugen Ulmer, Stuttgart 1997.
Kreuzer, Johannes: Kreuzers Gartenpflanzen: Lexikon. Band V. 3. Auflage. Haymarket Media, Hamburg 2004.
Schmidt, Walter: Gehölze für mediterrane Gärten. Verlag Eugen Ulmer, Stuttgart 1999.
Wieschus, Christoph; Bödeker, Nils. Plantus Süd. Pflanzendatenbank. Verlag Eugen Ulmer, Stuttgart 2000.
Wolff, Manfred; Gruss, Olaf: Orchideenatlas. Verlag Eugen Ulmer, Stuttgart 2007.

Bildquellen

Alle Abbildungen stammen vom Autor, ausgenommen die folgenden Abbildungen:

BKN Strobel: Seite: 161 l.
Botanikfoto/Steffen Hauser: Seite 12/13.
Barthlott, Wilhelm: Seite 100 l.
Flora Press/GAP: Titelfoto unten
Flora Press/GAP Photos Ltd: Titelfoto oben
Haugg, Erich: Seite 78 l, 130 r, 132 r, 181 r.
Haas-Fotolia.com: Seite 2/3.
Heißel, Kaspar: Seite 76 r, 103 l, 129 l, 129 r, 133 l, 140 l.
Kawollek, Wolfgang: Seite 11
Köhlein, Dr. Fritz: Seite 165 r.
Morell, Eberhard: Seite 22 l, 29 r, 38 l, 50 r, 66 r, 67 r, 69 l, 83 l, 96 r, 106 l, 108 r, 120 l, 136 l, 147 r, 149 l, 151 r, 153 r, 154 r, 156 l, 156 r, 160 l, 164 r, 173 l, 178 r, 182 r, 184 l.
Rücker, Karlheinz: Seite 35 r, 59 r, 94 r, 99 r, 117 l, 127 r.
Seidl, Sebastian: Seite 21 r, 27 l, 37 r, 43 l, 45 l, 51 r, 64 l, 66 l, 109 l, 113 r, 114 l, 123 r, 126 r, 129 l, 141 r, 152 l, 159 l, 162 r, 166 r, 167 l, 176 r, 181 l, 183 l.
Smit, Dan; Haarlem, NL: Seite 14 l, 16 l, 17 r, 20 r, 22 r, 23 r, 25 r, 31 r, 32 l, 40 r, 44 r, 45 r, 47 l, 47 r, 48 l, 48 r, 60 r, 61 l, 62 r, 63 l, 63 r, 64 r, 70 l, 71 r, 74 r, 75 l, 77 r, 78 r, 83 r, 84 r, 86 l, 86 r, 87 l, 88 l, 91 l, 93 r, 100 r, 103 r, 105 l, 108 l, 110 l, 119 l, 123 l, 124 l, 131 r, 135 l, 142 r, 143 l, 145 l, 151 l, 155 l, 155 r, 157 l, 157 r, 158 l, 158 r, 159 r, 160 r, 163 r, 165 l, 172 r, 177 l, 180 r.

Register

Im vorliegenden Register werden nur die gebräuchlichsten deutschen Pflanzennamen aufgeführt.

A
Aasblume 173
Aeonium 21
Aeonium, Teller- 22
Affenschwanz 168
Agave, Amerikanische 23
Agave, Zwerg- 24
Akazie, Silber- 17
Aloe, Baumartige 26
Aloe, Brand- 27
Aloe, Tiger- 27
Alokasie 26
Alpenveilchen, Zimmer- 71
Alpinie 27
Amaryllis 104
Ananas 28
Ananasguave 19
Apfelsine 60
Ardisie 31
Aukube 36
Azalee, Indische 161
Azalee, Zimmer- 161

B
Ballfarn 73
Banane, Zwerg- 125
Barbadosstachelbeere 142
Baseball, Lebender 87
Bauhinie 36
Baumfreund 145
Baumfreund, Kletternder 144
Baumfreund, Rotblättriger 144
Beerenmalve, Gewöhnliche 119
Begonie, Bewimperte 37
Begonie, Elatior- 38
Begonie, Königs- 39
Begonie, Strauch- 38
Bergaralie 135
Bergpalme 54
Bischofsmütze 35
Bitterblatt 89
Blattfahne, Zwerg- 173
Blattkaktus 130
Blaugummibaum 84
Bleistiftpflanze 88
Bleiwurz 52
Bleiwurz, Indischer 152
Bleiwurz, Kap- 152
Blutblume 165
Blütenbegonie 38
Bogenhanf 163
Bougainvillie 40, 41
Browallie 42
Brunfelsie 42
Brutblatt 43
Bubiköpfchen 172
Buckelkaktus 131
Buntblatt 44
Buntnessel 151
Buntwurz 44

C
Cactaceae 120
Calamondine 59
Callisie 46
Cattleya 51
Christusdorn 86
Chrysantheme, Gärtner- 56
Coelogyne 63
Cryptanthus 69
Cymbidie 72

D
Dattelpalme, Echte 146
Dattelpalme, Kanarische 146
Dattelpalme, Zwerg- 147
Davallie 73
Dendrobium 74
Dickähre, Gelbe 136
Dickblatt 67, 68
Dickblatt, Sichel- 68
Dickfuß 136
Dieffenbachie 74
Dipladenie 120
Drachenbaum 76, 77
Drahtstrauch, Weißfrüchtiger 125
Drehfrucht 175
Dreimasterblume 181
Dreimasterblume, Purpurblättrige 180
Dreimasterblume, Rio- 180
Drillingsblume 41
Drillingsblume, Kahle 40
Dschungelbrand 110

E
Echeverie 78
Edellieschen 108
Efeuaralie 89
Efeu, Kanarischer 103
Efeutute, Gefleckte 81
Einblatt 173
Eisenholzbaum 123
Elefantenfuß 37
Elefantenohr 113
Engelsorchidee 63
Episcie 82
Erdbeerbaum, Östlicher 31
Erdbeerkaktus 100
Erdstern, Zebra- 69
Eukalyptus 84
Eukalyptus, Roter 83
Eukalyptus, Tasmanischer 84

F
Fächerpalme 183
Feige, Benjamin- 91
Feige, Birken- 91
Feige, Geigen- 93
Feige, Kletter- 94
Feige, Mistel- 92
Feigenkaktus, Hasenohr- 134
Feige, Pfeilförmige 95
Feige, Rost- 94
Felsenkaktus 52
Felsenrose, Kolibri- 99
Fensterblatt 90, 124
Fetthenne, Ampel- 168
Fetthenne, Schlangen- 168
Fiederaralie, Glänzende 154
Fischschwanzpalme 49
Fittonie 95
Flachs, Neuseeländischer 147
Flamingoblume, Große 29
Flamingoblume, Kleine 29
Flammendes Käthchen 114
Flammendes Schwert 182
Flaschenbaum 37, 41
Frauenhaar 109
Frauenhaarfarn 20
Fuchsschwanz 17, 18
Fuchsschwanz, Hängender 18

G
Galgant 27
Gardenie 96
Gasterie 96
Gerbera 97
Geweihfarn 150
Glanzkölbchen 30
Gleichsaum 115
Globba 97
Glockenblume, Stern- 47
Gloxinie 171
Glücksklee 135
Goetheblume 98
Goldblattpalme 56

Goldfruchtpalme 56
Goldkugelkaktus 78
Goldrohrbambus 148
Goldtrompete 25
Granatapfel 158
Greisenbart 178
Greisenhaupt 51
Grünlilie 55
Gruppe, Neuguinea- 108
Guatemalarhabarber 111
Guave 157
Gummibaum 92, 93
Gummibaum, Leier- 93
Guzmanie 100

H
Hammerstrauch, Roter 53
Hanfpalme 179
Hasenfußfarn, Goldener 145
Hatiora 101
Haworthie 102
Heide, Glocken- 82
Heide, Pracht- 82
Henne und Küken 178
Herzblatt 168
Himmelsbambus 126
Hirschzunge 96
Hornklee 118
Hornnarbe 52
Hortensie, Garten- 107
Hüllenklaue 107
Hyazinthe 106

I
Igelsäulenkaktus 79
Iresine 109
Ixore 110

J
Jacaranda 110
Jadestrauch 68
Jakobinie 112, 113
Jasmin 111

Jasmin, Brasil- 120
Jerusalemkirsche 171
Judenbart 164
Justizie, Brasilianische 112
Justizie, Garnelen- 112
Justizie, Rizzinis 113

K
Kaffeestrauch 63
Kakteengewächse 120
Kaktus, Sägeblatt- 81
Kaladie 44
Kalanchoe, Filzige 114
Kamelie 47
Kammaranthe, Marmorierte 70
Kängurubaum 50
Kängurublume 28
Känguruklimme 57
Kannenstrauch 128
Kanonierblume 148
Kapwein 161
Karakabaum 67
Kardamom 80
Kassie 170
Kastanienwein 176
Kasuarine 50
Katzengras 153
Katzenohr 114
Kentiapalme 105
Kentiapalme, Bogige 104
Kerzenstrauch 170
Keulenlilie 65, 66
Klebsame, Chinesischer 150
Klebsame, Schmalblättriger 149
Klimme, Gestreifte 58
Klimme, Rautenblättrige 57
Klippenfarn, Rundblättriger 140
Klivie 61
Knotenbambus 148
Kohlerie 115

Kokospälmchen 119
Kokospalme 62
Kokospalme, Zimmer- 119
Kolbenfaden 24
Königin der Nacht 169
Korallenkaktus 160
Korallenmoos 129
Korallenstrauch 171
Korbmaranthe 44
Kranzschlinge 174
Kräuselmyrte 115
Kreppmyrte 115
Krossandra 69
Kussmäulchen 127

L

Lanzenrosette 21
Laurustinus 182
Lebendblatt 178
Lebende Steine 117
Leea 116
Leuchterpflanze 53
Lieschen, Blaues 89
Limone 58
Livingstonpalme, Australische 117
Lobivie 118
Lorbeerbaum 116
Losstrauch, Kletternder 60
Louisianamoos 178
Luftnelke 177

M

Madagaskarimmergrün 50
Madagaskarpalme 136
Malayenblume 143
Mammillarie, Muttertags- 120
Mandarine 59
Manettie 121
Medinille 122
Meertraube 61
Metzgerpalme 34

Miltonie 123
Mimose 17, 124
Mispel, Japanische 83
Mondsichelfarn 154
Moosfarn 169
Mooskraut 169
Mühlenbeckie 125
Myrte, Braut- 126

N

Nachtfalterorchidee 143
Nandine 126
Napoleons Hut 113
Neoregelie 127
Nesselblatt 17, 18
Nestfarn 35
Nestrosette 48, 130
Nierenschuppenfarn 128
Norfolktanne 30

O

Odontoglossum 132
Ölbaum 132
Oleander 129
Olive 132
Oncidie, Vogelschnabel- 133
Opuntie, Gold- 134
Orange 60
Orangenblume 55
Orange, Zwerg- 59
Orchideenbaum 36
Ordensstern 173
Osterkaktus 160

P

Palisander, Falscher 110
Palmfarn 184
Palmlilie, Graue 183
Palmlilie, Riesen- 184
Pantoffelblume 45
Papageienschnabel 108
Papyrusstaude 73
Paradiesvogelblume 174

Passionsblume, Blaue 138
Paternosterbaum 122
Pavonie 139
Pelargonie, Edel- 139
Pelargonie, Rosen- 140
Pente 141
Peperomie, Fleischige 142
Peperomie, Gerunzelte 141
Pereskie 142
Pfeffer 149
Pfefferbaum, Peruanischer 167
Pfeilwurz, Bunte 121
Phyllokaktus 130
Poinsettie 87
Porzellanblume 105
Primel, Becher- 156
Primel, Braut- 155
Primel, Flieder- 155
Primel, Stängellose 156
Prinzessinnenblume 177
Punktblume 107
Purpurtüte, Veränderliche 175

Q

Quastenstrauch 45

R

Rachenrebe 64
Rachenrebe, Kleinblättrige 65
Rachenrebe, Pracht- 64
Rebutie 159
Riemenblatt 61
Rippenfarn 40
Ritterstern 104
Rose, China- 162
Roseneibisch, Chinesischer 103
Rose, Zwerg- 162
Ruhmeskrone 98
Russelia 162

S

Sagopalmfarn, Japanischer 71
Samtpflanze 101
Saumfarn, Kretischer 157
Schamblume 22
Schattenröhre 82
Schiefblatt 37, 38
Schiefteller, Aufrechter 19
Schildfarn 154
Schlangenbart 133
Schlangenbart, Japanischer 134
Schlauchpflanze, Gelbe 164
Schmucklilie 23
Schneeball, Lorbeer- 182
Schönmalve 16
Schönpolster 46
Schraubenbaum 137
Schusterpalme 34
Schwertfarn, Aufrechter 128
Schwiegermutterzunge 163
Seeigelkaktus 79
Segge 49
Seidenakazie 25
Seidenbaum 25
Seidenpflanze, Indianer- 32
Senna, Geflügelte 170
Silbereiche, Australische 99
Silberhaut 32
Silbernetzblatt 95
Sinnpflanze 124
Sonnentau, Löffelblättriger 77
Spanisches Bajonett 183
Speckbaum 155
Spindelstrauch, Japanischer 85
Spinnenkaktus 100
Spitzblume 31
Spornbüchschen 112
Springbrunnenpflanze 162
Steckenpalme 159
Steinbrech, Hängender 164
Steineibe, Gewöhnliche Tempel- 153
Sternjasmin 179
Stern von Ägypten 141
Strahlenaralie, Kleine 166
Strahlenaralie, Neukaledonische 166
Strahlenaralie, Queensland- 165
Strauchveronika 102
Sumachwein 161

T

Teufelszunge 91
Thunbergie, Bengalische 176
Tibouchine, Glänzende 177
Tillandsia 177
Tropenwurz 26
Tüpfelfarn 145

U

Urnenpflanze 75
Usambaraveilchen 163

V

Vanda, Blaue 181
Veilchenbaum 177
Veilchenbusch 42
Venusfliegenfalle 75
Venusschuh 138
Versteckblüte 69

W

Wachsblume 105, 106
Warzenkaktus 120
Washingtonpalme, Kalifornische 183
Weihnachtskaktus 167
Weihnachtsstern 87
Wein, Russischer 57
Wolfsmilch 88
Wolfsmilch, Apfelförmige 87
Wolfsmilch, Hybrid- 86
Wolfsmilch, Latex- 88
Wolfsmilch, Medusenhaupt- 85
Wollmispel 83
Wunderstrauch 62
Wüstenrose 20

Z

Zederachbaum 122
Zickzackstrauch 66
Zierbanane 80, 125
Zierpaprika 48
Zierspargel 33
Zierspargel, Federiger 34
Zierspargel, Sicheldorn- 33
Zimmeraralie 90
Zimmerbambus 153
Zimmeresche 158
Zimmerhafer 39
Zimmerlinde 172
Zimmerrebe, Kleine 58
Zimmertanne 30
Zinerarie, Garten- 143
Zitrone 58
Zwergbambus 151
Zwergpalme 54
Zwergpfeffer 141, 142
Zylinderputzer 46
Zypergras 72
Zypresse, Monterey- 70
Zypresse, Zimmer- 70

Die in diesem Buch enthaltenen Empfehlungen und Angaben sind vom
Autor mit größter Sorgfalt zusammengestellt und geprüft worden. Eine
Garantie für die Richtigkeit der Angaben kann aber nicht gegeben werden.
Autor und Verlag übernehmen keinerlei Haftung für Schäden und Unfälle.

Bibliografische Information der Deutschen Nationalbibliothek
Die Deutsche Nationalbibliothek verzeichnet diese Publikation in der Deutschen Nationalbibliografie; detaillierte bibliografische Daten sind im Internet über http://dnb.d-nb.de abrufbar.

Das Werk einschließlich aller seiner Teile ist urheberrechtlich geschützt. Jede Verwertung außerhalb der engen Grenzen des Urheberrechtsgesetzes ist ohne Zustimmung des Verlages unzulässig und strafbar. Das gilt insbesondere für Vervielfältigungen, Übersetzungen, Mikroverfilmungen und die Einspeicherung und Verarbeitung in elektronischen Systemen.

© 2002, 2011 Eugen Ulmer KG
Wollgrasweg 41, 70599 Stuttgart (Hohenheim)
E-Mail: info@ulmer.de
Internet: www.ulmer.de
Lektorat: Dr. Friederike Hübner, Hermine Tasche, Julia Genazino
Satz: pagina GmbH, Tübingen
Herstellung: Silke Reuter
Umschlagentwurf: Atelier Reichert, Stuttgart
Druck und Bindung: Firmengruppe APPL, aprinta Druck, Wemding
Printed in Germany

ISBN 978-3-8001-7590-1